核心素养与学校课程建设论丛

主　编　左　璜

副主编　吴晓昊　赵晓燕

做好爱的教育

基于学生核心素养的"爱LOVE"课程体系建设

于　乐◎著

天津出版传媒集团

天津人民出版社

图书在版编目（CIP）数据

做好爱的教育 : 基于学生核心素养的"爱LOVE"课
程体系建设 / 于乐著 . -- 天津 : 天津人民出版社,
2024.1

（核心素养与学校课程建设论丛 / 左璜主编）
ISBN 978-7-201-19855-2

Ⅰ.①做… Ⅱ.①于… Ⅲ.①基础教育—课程建设—
研究 Ⅳ.①G632.3

中国国家版本馆CIP数据核字（2023）第192229号

做好爱的教育：
基于学生核心素养的"爱LOVE"课程体系建设
ZUOHAO AI DE JIAOYU: JIYU XUESHENG HEXIN SUYANG DE
"AI LOVE" KECHENG TIXI JIANSHE

出　　版	天津人民出版社
出 版 人	刘锦泉
地　　址	天津市和平区西康路35号康岳大厦
邮政编码	300051
邮购电话	（022）23332469
电子信箱	reader@tjrmcbs.com

责任编辑	吴　丹
装帧设计	卢炀炀

印　　刷	北京虎彩文化传播有限公司
经　　销	新华书店
开　　本	710毫米×1000毫米　1/16
印　　张	14.5
字　　数	207千字
版次印次	2024年1月第1版　2024年1月第1次印刷
定　　价	68.00元

编委会成员

总　序

　　欢迎您加入我们,探索以核心素养为本的学校课程建设之旅,本套丛书是我们与河南省郑州市中原区的课程改革实验学校共同完成的成果。我们聚焦未来,注重学生核心素养的培养,深入一线实践,通过理论研究和实践探索,重建学校课程体系。我们期待与您一起,共同推进教育现代化,助力学生全面发展。

　　每个孩子都是独一无二的存在,有着独特的梦想、才能以及对世界的观察和认知。但在传统的学校教育模式特别是应试教育模式下,这些特质往往会被忽视或掩埋,使孩子们无法充分发挥潜能,也难以找到适合自己的学习之道。旨在促进孩子们发展的学校课程,也在追逐所谓"质量"的途中逐渐异化了,将学生的发展让渡给了规范的课程与学科知识,而真正充满生命力的孩子正在学校课程的场域中则被边缘化。孩子们为什么要学习语文,背诵积累甚至抄写那么多字词句?为什么要学习数学,做那么多题目?为什么要逼迫自己去背诵外语的词汇与语法?走着走着,大家都似乎忘记了我们一开始出发的那个地方。一切学校课程建设的出发点,都应该是源于学生的生命成长。我们需要重新审视,重塑课程教育,在保证教育质量的前提下,更加注重孩子的生命成长,构建一个真正适合孩子全面发展的学习环境。

　　因此,我们推动这个项目的初衷在于,建立育人为本的多元化课程体系，重新检视学校课程开发与实施的目的，重新回归学生发展核心素养来重新建构课程体系，回到儿童的世界本身，让孩子们在课程学习中发现问题、解决问题并实现自我价值。我们相信这种课程模式将会成为新时代发展的主流，培养更多未来的人才，为社会的进步贡献力量。

基于学生发展核心素养为本的学校课程体系建设究竟应该是怎样的？我们主张，必须要深耕学校的文化场域，深挖学校的精神品质，传承学校的核心价值，充分建基于学校的特色之上。因此，这套丛书中的每一种课程体系，都彰显出了学校品牌特色与课程建设的完美融合。如外语特色学校建设了"融合课程体系"、足球特色学校建设了"脑体全优能课程体系"、新建校基于儿童的立场建设了"童年课程体系"、立足核心价值追求的学校建设了"美好教育课程体系"，还有我们的"幸福课程体系""沁润课程体系"等等。无论是哪一种课程体系，都是融入了学校文化生命的一种课程理想，都是一种课程改革实践者努力实践的成果。

我们始终认为，学校课程体系建设是一个系统工程，是一个长期坚持的过程。回望每所学校在建设学校课程体系中的点点滴滴，在这个过程中，我们总是被各种人、各种事感动着。中原区的每所实验学校在推动核心素养为本的课程改革的过程中，始终追求品质、守中归原，学校的领导和老师们始终坚守初心，无所畏惧，敢于突破、敢于创新。我们并不满足于只在简单的国家课程、地方课程与校本课程之间徘徊，而是用"爱和专业"，不断创新着新的课程路径、开发着新的课程内容，谱写着属于我们的课程故事。

每一次，在召开课程建设推进工作会议时，我们总会重申这样一个信念："我们做课程，绝对不只是为了改革而改革，我们必须始终牢记，我们做这一切的目的，是为了每一个孩子的未来。我们的课程体系，必须始终以孩子为中心，以发展他们的核心素养为本，让孩子们能够真正面向未来，奠基幸福的人生。没有真正帮到孩子的课程，我们宁可不做。"正因为坚守这一信念，我们一直走到了今天。当然，还会坚定不移地朝着明天继续走下去。

核心素养究竟是什么？我以为，它是教育去适应时代变革的必然产物，是人类来到了信息化、智能化时代对教育目的的重新审视和定位。新时代给我们带来了许多机遇，也带来了许多挑战，其中对教育形成的最大挑战就在于不断爆炸式增加的教育资源、学习内容与学习者有限时间和精力之间所形成的巨大冲突。这种冲突直接带来的后果就是孩子们越学越多，越学越觉得时间不够用。大家似乎都被卷入了一个无法停止的教育漩涡中，学习任务一个接着一个，课程不断地在增加，而孩子们的学习时间早已饱和。因此，所有教育人都应该停下脚步，反思教育应该向何处去。基于对这一核心问题的思考，新一轮的课程改革提出了"核心素养"为本的理念，这一理念的核心思想就是"减负提质"。因此，核心素养为本的学校课程体系绝对不是随意做加法，而是科学地做减法。

为此，核心素养为本的学校课程体系建设，始终坚守一个核心——"课程"，以整体主义作为方法论基础，围绕课程建设，实现德育活动、校园文化建设、课程内容体系、教学过程、教师发展等全方位一体化的改革。在短短几年建设的过程中，我们的实验校、学校老师、孩子们都在不断飞速地发展，收获了成长的幸福，收获了创新的喜悦。

今天，这套凝结着无数课程人思想与行动的丛书即将付梓。作为丛书的主编，倍感欣慰。我想特别骄傲自豪地说，所有这些学校的特色课程体系建设，都是我们对教育的深思，都是我们对学校课程创新的一次大胆尝试，更是我们每所学校对教育理念的执着与坚持。这样的尝试，这样的探索与坚持，在一定程度上丰富和拓宽了我们的教育视野，更为我们未来进一步深化基础教育课程改革做出了示范。

最后，我想借此机会，向所有参与这个项目的领导、老师和学生们表示深深的感谢，是你们的付出和努力，使得这个项目得以实现，使得这套丛书得以诞生。

"教育是一场长跑，我们需要的不仅是速度，更需要的是方向。"是的，这套丛书就是我们在这场长跑中，对方向的思考、探索与坚持。我相信，这套丛书的出版，不仅仅是我们这群热爱教育的人探索核心素养为本学校课程建设的阶段性成果,更是一种能够点燃无数未来想要继续探索学校课程建设人梦想的力量。

2023 年 6 月 28 日

撰写于 华南师范大学

目　录

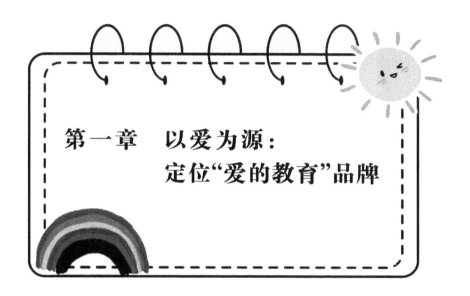

第一章　以爱为源：
　　　　定位"爱的教育"品牌

一、理念对接现实,确定"爱的教育"品牌

(一)"立德树人"是爱的教育之根本

培养什么人,是教育的首要问题。"育才造士,为国之本",教育是民族振兴、社会进步的重要基石,是功在当代、利在千秋的德政工程,对提高人民综合素质、促进人的全面发展、增强中华民族创新创造活力、实现中华民族伟大复兴具有决定性意义。进入新时代,坚持中国特色社会主义教育发展道路,坚持社会主义办学方向,以凝聚人心、完善人格、开发人力、培育人才、造福人民为工作目标,培养德智体美劳全面发展的社会主义建设者和接班人,是教育工作的根本任务,也是教育现代化的方向目标。①让学生德智体美劳全面发展,归根到底,就是立德树人,这是教育事业发展必须始终牢牢抓住的灵魂。

国无德不兴,人无德不立。立德树人内涵丰富,意蕴深刻,博大精深。立德就是要培养学生高尚的道德品格。做人做事第一位的是崇德修身。修德,既要立意高远,又要立足平实。要教育学生立志报效祖国、服务人民,这是大德,养大德者方可成大业。同时,从做好小事、管好小节开始起步,踏踏实实修好公德、私德。树人就是要培养践行社会主义核心价值观、弘扬中华优秀传统文化的德智体美全面发展的社会主义建设者和接班人。

好的老师应该是仁师,没有爱心的人不可能成为好老师。"爱的教育"吸收了现当代优秀的、先进的教育理念和教育思想,是培育和践行社会主义核心价值观的具体实践。它倡导健康人格教育,培养学生爱心和道德责任感、独立意识、健康的心理状态;倡导实践能力教育,不仅重视教授学生理论和书本知识,更加注重学生实践能力的培养;倡导公民意识教育,引导

① 深入学习贯彻全国教育大会精神[J].人民教育,2018,(19):6.

3

学生懂得自知自尊自爱、懂得自治和平等、懂得理智和克制；倡导国家认同教育，让学生坚信社会主义制度的优越性，增强其民族归属感、自豪感、成就感，激发他们的报国情怀。

只有坚持"立德树人"的根本，从爱的教育出发，才能打开学生的知识之门、启迪学生的心智、滋润学生的美丽心灵，才能培养出德智体美全面发展的社会主义建设者和接班人。基于此，郑州市实验小学将"爱的教育"作为学校发展的根本，践行习近平新时代中国特色社会主义教育发展的根本任务。

(二)"爱的真谛"是爱的教育之灵魂

郑州市实验小学一贯坚持倡导、探索并践行"爱的教育"的办学思想，努力追求创新发展，从教育的本质、内容、目的的角度，融入"爱"的情感领域对"爱的教育"这一思想进行认真思考、理性分析。

20世纪末的美国社会学、心理学家弗洛姆曾论述关于爱的理论，指出爱的四要素，即"认识""关心""尊重""责任"，由此结合教育的定义构成了爱的教育方式的内涵以及爱的教育目标。弗洛姆说："没有认识，就不可能有对一个人的尊重，没有对人之个性的认识作引导，关心和责任也将是盲目的。"①因此认识是爱的第一步；关心则体现在施爱者主动关怀被爱者的生命和成长，为被爱者出力，"爱的真谛是为某些东西出力，并使某些东西成长，爱和劳动是不可分的"；尊重的对象是人的存在、人的生命和人的价值，它是关心和具有责任感的前提和基础，由爱而生的尊重意味着关心、信任一个人，使其按照自己的本性成长和发展，这样的成长是自我的成长也是有机的成长，这种尊重是对个体独特性的肯定，也是对人尊严的肯定，同时尊重需要借助信任这种品质，尊重从信任开始，弗洛姆强调信任能帮助我们建立一个由平等、正义和爱的原则所统治的社会秩序；"责任"是一种职责和任务，身处社会的个体成员必须遵守的规则和条文，带有强制性，但

---

① 艾里希·弗洛姆.爱的艺术[M].上海：上海译文出版社，2008.

是这里的"责任"不是外部强加给人的东西,而是一种完全自愿的行为,是对另一个人需要的反应,是把被爱者的事当成自己的事,但是要把握好对他人负责的度。不要过度负责,为被爱者做所有的事情,甚至剥夺被爱者自我选择的权利和自我生存的权利。

《爱的教育》一书的作者亚米契斯,也揭示了"爱"这一社会情感的理想品质:给予性,即爱的本质。由此可将爱的定义概括为:爱是人类对自身及其生存世界的一种普遍关怀的思想情操及相应行为:内蕴为思想情操、外显为实践行为,具体表现为理解、关心、体贴、呵护、帮助、给予、宽容、责任等。如果对爱的定义作更详细更具体的分解,爱包含着思想情操及相应行为、人类自身及其生存世界和普遍关怀等不可或缺的基本成分。

从爱的真谛出发,使学生学会认识、关心、尊重、责任,成为一个有爱的人,践行"爱的教育",为"爱的教育"注入爱的灵魂。

(三)"以品育人、以质立校"是爱的教育之追求

人民的美好生活,离不开美好的教育,离不开有内涵、有品质的教育。创造高品质的教育,是时代赋予我们的使命,做有品质的教育是我们育人的价值追求。

品质教育既有品,还有质。"品",即品德、品行,以品立人,实现品德高尚、品行端正,教人有德、教人之才、育人之身,育人效果要让老百姓赞不绝口,有口皆碑。"质",以质立校,以高质量的教育体系实现工作推进的高质量,培养人的高素质,简言之,就是要理念先进、做工精细。

在品质教育价值理念下,"守中归原"是我们要遵循的教育规律,要守住立德树人的教育初心,牢记培根铸魂的教育使命,为党育人,为国育才,以教师的高素养促进学生发展的高品质,培养具有中国心、民族魂,勇于担当中华民族伟大复兴的时代新人。同时又要回归到教育的本质:归原、归源、归元。原,即根本,归原即让学生回归自然,学会生存,探索"人与自然"的关系;源,即源头,归源即让学生回归生活,与人为善,探索"人与人"的关系;元,即始、元气、精气,归元即让学生学会尊重生命、珍爱生命,拥有强健

的身体品质、健康的心理品质、独特的个性品质、超前的思维品质,彰显生命力量,元是对生命状态的追求,对生命之美的追求,是探索人本身,敬畏天性、尊重人性、关注个性。培育品质学生、塑造品位教师、创建品牌学校是我们发展的三大支撑,培育品质学生是核心,塑造品位教师是保障,创建品牌学校是载体;以人为本的教育,先进的教育,公平的教育,高质量的教育是我们发展的四大特征。坚持落实立德树人根本任务,坚持五育并举,培养心中有中国、眼中有世界、脑中有历史、胸中有未来、勇于担当民族复兴大任的品质学生。

培养新时代的学生,建设特色品牌的学校,发展高质量的教育,"以品育人、以质立校"毋庸置疑是我们要坚守的价值追求(见图1-1)。

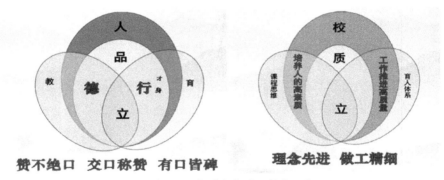

图1-1 郑州市中原区教育理念

(四)"爱LOVE文化"是爱的教育之体蕴

郑州市实验小学于2016年9月11日正式开办,学校隶属于郑州市中原区教育体育局,是由中原区政府投资兴建的高标准、高起点的公办小学。徽派风格的建筑屋顶、哈佛红的楼体墙壁,融入有几分小小学府的气息;20多亩的学校占地,24个教学班的规模,充足的功能教室,丰富的绿色植被呈现"三季有花开,四季叶常绿"的绿化特点,学校的建筑群独具特点,从鸟瞰图来看整体呈现L、O、V、E四个字母,构成单词LOVE,学校建筑群的意蕴也就是爱的教育的开始。

作为一所新建校,郑州市实验小学结合学校建筑的特点,因此在建校之初,特别邀请中国当代教育家顾明远先生为学校题写校名,顾明远先生提出"没有爱就没有教育"的教育主张,指出"爱"是要尊重与相信学生,尊重学生的基础、尊重他们的需要、尊重他们的人格,真正爱孩子是要为他们将来的幸福、长远的幸福考虑。基于此,学校结合建筑群的特点以及顾明远先生的教育主张,进而提出"做好爱的教育"的办学理念。

学校坚持立德树人的教育根本,以《中国学生发展核心素养》为指导,扎实落实《中小学德育工作指南》,抓住"培养什么样的人、如何培养人"这一问题做深入思考。学校围绕"做好爱的教育"的办学理念,决意用仁爱之情、仁爱之智、仁爱之力、仁爱之行进行施教与办学,着力调动学生的学习兴趣,培养学生的学习能力,培育学生品质,使学生成为懂得爱,拥有尊重、包容、向上的品质,学会学习、学会做人、学会生活、学会合作,具有责任感、创新精神、能积极回报社会的现代公民。为学生的全面发展、终身发展奠定基础,争做素质全面、个性鲜明、健康快乐的"实小学子"。

二、文化支撑品牌:创建"爱的教育"特色

(一)学校文化

培养目标:为学生的全面发展,终身发展奠定基础,争做素质全面,个性鲜明,健康快乐的实小学子。

办学理念:做好爱的教育

育人目标:爱己,爱人,爱世界;乐学,乐思,乐成长

教师核心价值观:爱生、爱校、爱教育;乐教、乐业、乐提升

课程理念:以爱扎根,快乐学习

学校愿景:做好爱的教育,追求品质教育,让师生过上一种幸福完整的教育生活。

学校将办学理念定位为"做好爱的教育",坚持"以学生为本"的思想,

遵循"贴近学生，贴近生活，贴近实际"的原则，尊重学生成长成才规律，致力培养"爱人、爱己、爱世界，乐学、乐思、乐成长"的实小学子。学校期待每一位实小学子都能够把"爱"根植于内心，学会珍爱自己、关爱他人、热爱生活、热爱世界，传递正能量的人生观、价值观和世界观成为具有爱心的仁人志士；希望每一位学子在学校的学习生活能够以快乐为源泉，快乐学习、快乐思考、快乐成长。教育是爱的事业，教师带着教育情怀"用心做教育"，教师怀着师德师爱"用爱润学生"，学校倾注亲和亲近之心"用情待教师"，学校更期待每一位市实小的教师和每一个市实小的学子都能够把"爱"根植于内心。

学校坚持立德树人的教育根本，以《中国学生发展核心素养》为指导，扎实落实《中小学德育工作指南》，抓住"培养什么样的人、如何培养人"这一问题做深入思考，围绕"做好爱的教育"的办学理念，决意用仁爱之情、仁爱之智、仁爱之力、仁爱之行进行施教与办学，着力调动学生的学习兴趣，培养学生的学习能力，培育学生品质，使学生成为懂得爱，拥有尊重、包容、向上的品质，学会学习、学会做人、学会生活、学会合作，具有责任感、创新精神、能积极回报社会的现代公民。为学生的全面发展、终身发展奠定基础，争做素质全面、个性鲜明、健康快乐的"实小学子"。作为教育的途径，学校把"爱"视为教育的方法，抓住了教育的根本问题，彰显了"教人做人"的教育本质，激发了全面育人的原动力，强调了多元化的学校管理，营造了有爱的学校文化，彰显了现代教育价值，最终实现以爱生爱、以爱生智、以爱生美的教育目标。

(二)办学特色

1.发展特色

学校校名带有"实验"二字，在《现代汉语词典》对"实验"的解义是："通过实物进行探索的一种方法。"于此，结合教育，结合办学，"实验小学"这样的校名赋予着学校教育和教师教学要在新理念、新思路、新技术上有探索有实践，要努力地走在教育的前沿，所以，作为郑州市实验小学要敢于接受新思想,新教育,要不断迎接新挑战,这是学校发展的特色。

特色一:科技赋能教育

学校敢于尝试"互联网+教育",努力打造智慧教育,将信息技术与教育融合创新发展作为探索方向,全方位构建以数字化、网络化、信息化为目标的网络基础设施和服务支撑平台,大力推进"网络学习空间人人通"的应用模式;建设互联互通的数字教育资源云服务体系,作用于学校管理、教师备课授课、学生学习,家校互动、课堂及时采集和分析数据等;让人工智能走进常态课堂,发挥信息技术对教学的辅助作用;让编程教育普及每个孩子,使学习资源更直观、更有趣、更生动……

特色二:改革教学时间

教育部印发义务教育课程方案和语文等16个课程标准(2022年版)中对有关科目的教学时间提出具体要求:书法在三至六年级语文中每周安排1课时;劳动、综合实践活动每周均不少于1课时;班团队活动原则上每周不少于1课时;劳动、综合实践活动、班团队活动、地方课程与校本课程课时可统筹使用,可分散安排,也可集中安排。学校依据学科课程和地方课程特点,在传统40分钟课堂时间的基础上,将学校课程时间统筹规划为"60分钟大课时""40分钟中课时""15分钟小课时"3种更为多元的课堂教学时间。其中"60分钟大课时"主要是面对"爱艺术""爱探究"体系的课程,方便师生有充足的时间进行艺术体验、实践探究活动,保证教学内容的完整性;"中课时"主要是面对学科类的基础课程,保证学生课堂学习兴趣,要求教师教学做到精学精练;"15分钟小课时"主要是像晨诵、午书这样的每日课程,贵在坚持。

特色三:家校教育合力

办学伊始,学校提出要以"开放的胸怀办教育",所谓开放的胸怀,其中一点就是对家长的开放。依据现代教育的发展,学校已经不能再成为一个封闭的教育孤岛,目标的实现、理念的落实,需要家长和社会的参与。所以,学校请家长走进来,形成办学共同体,形成教育合力。学校定期相约家长一起规划学校发展、参与学校相关决策、梳理学校课程体系、参与课程教学……让他们用第三只眼睛看学校，谈教育，给我们带来更广的视野，更新的思考。来自各行各业的家长所呈现的家长课程，可以说范围广、专业强、内容丰富，也成为学校课程的完美补充。

特色四：调整作息时间

学校自2016年9月11日开办首日起，就将传统作息时间进行调整，采用"推迟上学、延时放学""错时上学、同时放学"的方式，此次举措正与2021年全国两会期间教育部提出的"解决三点半的问题"相之吻合，省市级新闻媒体相机走进学校进行报道宣传。

2. 课程特色

学校本着"全面落实国家课程、规范开设地方课程、开发校本课程，开足课时，遵循教育规律和学生成长规律，全面实施素质教育"的原则，立足学校和学生实际，努力建设适合学生发展的课程体系，使学校的课程逐步走向了标准化、学校根据《河南省义务教育地方课程设置方案》的规定，科学规范地开设了省情、礼仪、心理健康、书法、信息和综合实践课程。学校用心开设校本课程，成立了校本课程"爱LOVE课程"研发小组，负责制定七大课程框架，编制课程纲要、《爱LOVE课程》活动手册等，还成立了校本课程审核小组，负责对所编校本课程内容的合理性、逻辑性进行审核。保证为学生提供适合的教育，促进学生个性发展。

学校遵循课程实践性原则，以考察探究、社会服务、设计制作、职业体验等方式为主开设综合实践活动课程，不仅每周每班级开设综合实践活动课程，而且还采用跨班级、跨年级、走出学校等方式组织学生开展综合实践活动。比如主题游学课程（传统中国年、多彩民族风、奇妙大世界）、研学活动（拥抱大自然、郝堂研学、国外游学等）、主题课程（职业体验、安全课程、环保课程等）、仪式课程（如入学仪式、感恩仪式、节日仪式、毕业仪式等），这些可以有效落实综合实践活动课程的要求，发挥课程的"实践育人"的作用。

3. 教学特色

学校高度重视教研工作，建立了完善的教研制度、听评课制度，每个月由教导处针对制度的落实情况进行相应的检查。学校坚持"零起点"教学，不拔高教学要求，不加快教学进度。为了提高学生参与课堂学习的主动性和积极性，各学科积极落实具有学校特色的"LOVE课堂形态"。学校作业安排适当，绝不增加学生的课业负担。一、二年级不留书面作业，其他年级布置作业总量不超过1小时，保证学生每天9小时睡眠。学校禁止让学生家长代为评改作业的行为，针对作业的布置和批改情况，学校不定期对学生和家长进行调查，听取学生和家长的反馈意见。

4. 评价特色

学校对照中小学教育质量综合评价改革指标体系，从学生的品德发展水平、学业发展水平、身心发展水平、兴趣特长养成、学业负担状况这五方面对学生进行监测，改进教育教学。为了实施综合素质评价，学校做出了与课程体系相之吻合的课程评价——爱的嘉年华，包括"过程性评价"和"表现性评价"。严格控制考试次数，实施等级加评语的评价方式。依据课程标准的规定和要求确定考试内容，命题紧密联系社会实际和学生生活经验，注重对能力的考察。考试成绩不进行公开排名，把过程性评价、表现性评价和纸笔测试三方面作为评价学生的标准。

三、管理理念根植情怀，打造爱的教育名片

学校管理理念是哲学理念在学校管理中的扩展与延伸，是管理理念在学校管理过程中的运用。所谓学校管理理念是指学校管理研究者对于学校管理活动的理性认识，理性追求及其所形成的管理思想观念和管理哲学观念，是学校管理主体在学校管理实践，积极思维活动中形成的，对学校管理应然状态的理性认识和主观要求是学校管理主体在管理实践思维活动及文化积淀和交流中所形成的学校管理价值取向与追求是一种具有相对稳定性，延续性和指向性的学校管理认识理想的观念体系。①郑州市实验小学是郑州市中原区品质教育中的新建校，学校坚持"做好爱的教育"的办

---

①赵敏,江月孙.学校管理学新编[M].广州:广东高等教育出版社,2008:22.

学理念，践行"三爱三乐"育人目标，以此实现培养学生德智体美劳全面发展。顾明远曾指出：制度建设确保学校有条不紊，按部就班，职责分明；制度建设必须和办学理念相结合，并以其为指导，这就要求教学管理要落实办学理念，为育人目标服务，"学校教学管理要以校风学风建设为统帅"①。为此郑州市实验小学管理以办学理念和育人目标为出发点，并以此来监管和监测学校的发展，让学校管理有方向、有目标、有灵魂。

（一）在文化管理中滋养爱

学校文化是教师受教育与教育学生的土壤，也是学校的灵魂。郑州市实验小学是一所新建校，"爱的教育"是学校的办学主张，也是学校文化的具体化，是教育思想在办学认知上的映射，是办学者对人、对教育、对学校的本质认识。学校在这一理念下建立了"爱的教育观""爱的课程观""爱的教师观""爱的教学观""爱的学生观"等文化管理理念，旨在让师生在爱的孕育下过上一种幸福完整的教育生活，使全体师生以此为准则，调整、约束、监督自己的行为，从而达到自我管理、自我控制、自我激励，完成由他律到自律的心理和行为模式的转换。

文化管理是人性化的管理，尊重人、关心人、培养人、激励人、开发人的潜力，这是学校管理的关键。郑州市实验小学在这样的文化管理下发挥以爱育爱的作用，彰显了"教人做人"的教育本质，实现了以爱生爱、以爱生智、以爱生美的教育目标。老师和学生生长在这样的文化沃土中，是幸福的。在时间的积淀和推移中，"爱的教育"不仅会成为一种文化符号、品牌名称，也使每位师生滋养出了仁爱之心的情怀。

（二）在协同管理中凝聚爱

在学校治理体系中，学校组织管理不是单方面的行政指令，而是"以协

---

①顾明远.学校教学管理要以校风学风建设为统帅[J].基础教育参考,2008,(7):1.

商为基本的教育决策机制"①。在学校管理中,校长与教师之间、教师与学生之间、学校与家长之间都是基于学校教育和学生发展出发而共同合作的"伙伴关系",而这种关系是学校管理体系的组成部分。学校管理,最终是落实到对人的管理,为了实现人人都是学校的管理者,郑州市实验小学坚持教师、学生、家长的协同管理。把以人为本作为协同管理的核心。以人为本在学校教育中就是以生为本,在学校发展中就是以师为本。这两点是建设一所高品质学校的基础。郑州市实验小学坚持让每个实小人在学校都拥有两种身份。教师既是学校理念的践行者,也是学校管理的建设者;家长既是孩子的成长的知情者,也是学校管理的监督者;孩子既是受教育者,也是学校发展的参与者。

学校在落实协同管理中,用教育的箴言——"爱"付诸团队合力的创建和学生的教育中,坚持教师是学校发展的核心力量,不断提升团队的专业素养,凝聚教师力量,推动学校全面发展。我们建立项目管理制,人人都有机会成为各项目的负责人和规划团队中的一员,同时人人又都要成为其他项目的参与人。这样形成一种全员参与的机制,能够促进学校合力的凝聚。

学校提出要以"开放的胸怀办教育",所谓开放的胸怀,其中一点就是对家长的开放。依据现代教育的发展,学校已经不能再成为一个封闭的教育孤岛,目标的实现、理念的落实,需要家长和社会的参与。所以,学校请家长走进来,建立家长委员会,每周一天家长开放日,形成办学共同体,形成教育合力,家长协同规划学校发展、建言献策学校相关决策、梳理学校课程体系、参与课程教学……让家长朋友用第三只眼睛看学校,谈教育,给学校带来更广的视野,更新的思考。

总之,用协同管理团结一切可以团结的力量为学校的发展注入源源不断的活力和生命力。

---

①王晓辉.关于教育治理的理论构思[J].北京师范大学学报(社会科学版),2007,(4):5-14.

(三)在创新管理中推广爱

党中央强调优先发展教育事业,发展素质教育,深化教育改革,办好人民满意的教育,努力让每个孩子都能享有公平而有质量的教育。《教育规划纲要》明确提出:"办好每一所学校,教好每一个学生。社会大量需要各种创新型人才,学校要很好地完成培养学生的创新意识和创新能力的任务,就需要管理有创新。除了建立相应的管理制度和体系来支撑和保障学校的发展,还要与时俱进更新管理理念。"

郑州市实验小学在传统的制度化管理上,在学校教师队伍建设中又建立了项目化管理制度,以项目推动老师工作的积极性和主动性。在学生的发展中,主动改变学校"封闭式"的管理方法,在学生的学习方法和学习理念中也渗透项目化学习,逐渐培养学生学习的自主意识,以此来实现学校的教学教育工作满足新的课程改革的要求和时代的需求。

在实现创新管理过程中,郑州市实验小学还注重从细节入手,构建科学管理模式。在教师队伍建设上一方面抓思想,抓学习,抓师德,一方面抓制度,抓管理,抓惩戒。从源头上加强师德师风建设,加大对教师的约束力度,规范从教行为,推进依法治教。在教师职业归属感上坚持谈话谈心。郑州市实验小学校级领导跟中层干部、中层和师生谈话,尤其是对新任干部和新进教师的思想困惑及时疏导,拉近了与教师之间的距离,更是弘扬了教师群体的正气。坚持实施家长驻校日,做好家校沟通工作。

在学校管理的道路上,我们还有很长的路要走,去探索。实践是检验真理的唯一标准,我们只有通过不断地探索、实践与总结,才能在学校管理的道路上越走越远。

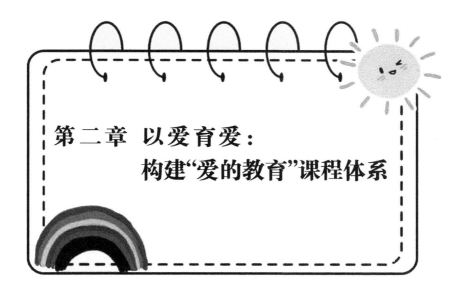

第二章 以爱育爱：
　　　　构建"爱的教育"课程体系

一、科学诊断学校课程建设基础

(一)依据政策,立足学校

课程改革和课程建设是实施素质教育的需要,核心素养的本质和内涵是面向全体学生,让学生全面发展。课程改革是社会发展的需要,特别是当今教育,人们的利益固化思维,维持现状的心态使教育进入了深水区,只有进行改革,才能激发学校的创造力。课程改革是为了更好地促进学生的成长,人在社会发展中要与人合作,有宽容心,有健全的人格。为全面提升中小学生综合素养,深入贯彻教育部《关于全面深化课程改革落实立德树人根本任务的意见》,课程建设成为郑州市实验小学的战略行动和必然要求。

1. 国家意志

(1)《中小学德育工作指南》

为深入贯彻落实立德树人根本任务,加强对中小学德育工作的指导,切实将党和国家关于中小学德育工作的要求落细落小落实,着力构建方向正确、内容完善、学段衔接、载体丰富、常态开展的德育工作体系,大力促进德育工作专业化、规范化、实效化,努力形成全员育人、全程育人、全方位育人的德育工作格局,特制定本指南。

在小学低年级阶段,教育和引导学生热爱中国共产党、热爱祖国、热爱人民,爱亲敬长、爱集体、爱家乡,初步了解生活中的自然、社会常识和有关祖国的知识,保护环境,爱惜资源,养成基本的文明行为习惯,形成自信向上、诚实勇敢、有责任心等良好品质。

小学中高年级阶段,教育和引导学生热爱中国共产党、热爱祖国、热爱人民,了解家乡发展变化和国家历史常识,了解中华优秀传统文化和党的光荣革命传统,理解日常生活的道德规范和文明礼貌,初步形成规则意识和民主法治观念,养成良好生活和行为习惯,具备保护生态环境的意识,形成诚实守信、友爱宽容、自尊自律、乐观向上等良好品质。

《中小学德育工作指南》中关于不同阶段的培养目标，也明确了为郑州市实验小学的育人指明了方向。

（2）双减政策

国家把教育这一件事情看得非常重要，为的就是能够让每一个孩子都能够接受到相应的教育，并且接受公平的教育。为了让每一个孩子能够接受公平的教育，减轻家长的压力，提高教育质量，落实立德树人的根本任务，中共中央办公厅、国务院办公厅印发了《关于进一步减轻义务教育阶段学生作业负担和校外培训负担的意见》。同时，郑州市实验小学积极响应国家"双减"政策，落实教育部"五项管理"工作要求，结合学校实际情况，非常注重提高学生学习兴趣，使学生德智体美劳全面发展，真正做到减负增效（见表2-1）。

表2-1　义务教育课程设置标准

课程门类	一	二	三	四	五	六	七	八	九	九年总课时	各类课程课时占总课时的百分比	国家规定的九年课时总计比例
道德与法治	3	3					2	2		696	7.30%	7%~9%
品德与社会			2	2	2	2						
思想品德									2			
历史							2	2	1	313	3.30%	3%~4%
地理							2	2				
科学	1	1	2	2	3	3				863	8.3%	7%~9%
生物							3	2				
物理								2	3			
化学									3			
语文	8	8	7	7	6	6	5	5	5	1985	20.80%	20%~22%
数学	4	4	4	4	5	5	5	5	5	1425	15.00%	13%~15%
外语							4	4	4	762	8%	6%~8%
体育	4	4	3	3	3	3				939	9.90%	10%~11%
体育与健康							3	3	3			
音乐	2	2	2	1	1	1	1	1	1	906	9.50%	9%~11%
美术	2	2	2	1	1	1	1	1	1			
综合实践活动			6	6	6	6	6	6	6	1633	17.15%	16%~20%
地方与学校课程	2	2										
周总课时	26	26	30	30	30	30	34	34	34	9522	100%	
学年总课时	910	910	1050	1050	1050	1050	1190	1190	1122			

（3）五育并举

五育的教育理念是我国教育改革中的一项重要措施。为了培养出更多能够适应现代社会发展的人才,德、智、体、美、劳全面发展成为新时代的育人标准,五育并举成为培养新时代人才的教育方式。

一是坚持德育为先,让学生的品格"高"起来。

深化课程育人、文化育人、活动育人、实践育人、管理育人、协同育人。在德育实践过程中,我们必须从大处着眼、从小处着手,做到循序渐进、内化外显、虚功实做、久久为功。另外,我们还要秉持"时时有课程、处处是课程、人人建课程"的德育课程观,正视德育现状,聚焦德育问题,注重德育工作的针对性和时效性,探索德育教育的实践创新机制和评价改革机制。

二是提升绿色教育质量,让学生的脑袋"富"起来。

2019年7月,中共中央、国务院印发《关于深化教育教学改革全面提高义务教育质量的意见》,其中指出:"着力培养认知能力,促进思维发展,激发创新意识。严格按照国家课程方案和课程标准实施教学,确保学生达到国家规定学业质量标准。"过去,中小学主要围绕学生的学业质量发展指标,实施一系列教育教学改革,并取得了非常显著的理论与实践成效。然而,倘若仅以学业成绩为导向,过于依赖考试评价,那么在应试教育"指挥棒"的驱使下,势必会导致学生的学习兴趣减弱、个性发展受阻、学业负担加重、成长质量降低等问题。实际上,"五育"融合的主阵地在课堂,面对学校智育工作的"一枝独秀",学校要从学生立场出发,全面提升学生的绿色生命质量、绿色学业质量和绿色成长质量,真正让他们的脑袋"富"起来。

三是加强体育锻炼、让学生的身体"动"起来。

身体健康既是学生成长的起点,也是教育发展的原点增强体质、磨砺意志、确保学生拥有健康的身心和强健的体魄,这是现代学校最基本的教育工作。因地制宜地创设多功能的运动场地,因人而异地设置可选择的运动课程,因势利导地孵化精品运动项目,保障学生每天都有机会参加相应的阳光体育锻炼。

四是注重美育熏陶,让学生的眼睛"亮"起来。

这个"亮"至少包含两层意思。一是学生在学校里能够拥有美好的生活和学习样态。基础教育应为稚嫩的生命打上一层阳光的"底色",这层"底色"其实就是充分地展现出学生个体的生命亮度。二是学生在成长过程中能够涵养美的气质和美的品格。基础教育不仅要让学生的脸上露出灿烂的笑容。还要让他们的眼睛闪耀艺术的"光芒",而这种"光芒"则是更多地展现出学生个体的精神亮度。

五是培养劳动素养,让学生的双手"勤"起来。

进一步加强劳动教育,正确引导学生主动参与日常生活劳动,适度参与公益服务劳动和生产实践劳动。学校要在学生中,有效根植劳动最光荣、劳动创造幸福生活和美好未来的价值观,努力培养学生勤俭节约的习惯、自立自强的品质与艰苦奋斗的精神。

立足学生全面发展的教育场域,落实立德树人的根本任务,切实让学生的品格"高"起来,这是新时代中小学一体化建设的应然选择。新时代高质量教育是要培养德智体美劳全面发展的社会主义建设者和接班人,而不是让学生成为诸如精致的利己主义者、无银的虚无主义者成平周的市价主义者。

要在遵循教育规律的前提下发展素质教育,为学生终身发展奠定基础,这是对教育规律的尊重,将对当下教育领域存在的重知识、轻引导,重眼前、轻长远的功利现象起到很好的遏止作用。

2.地域特色:"守中归原"的教育哲学

2013年,中原区教育局提出了"做有品质的教育是中原教育人的价值追求",既培育品质学生、培养品位教师,打造品牌学校。学生的培育、教师的培养、学校品牌的打造都离不开学校课程建设。"守中归原"这一中原区的教育哲学,为郑州市实验小学的课程建设提供了思想理论基础方法。

"守中"就是守住立德树人的教育初心,牢记培根铸魂的教育使命,为党育人,为国育才,以教师的高素质促进学生发展的高品质,培养具有中国心、民族魂,勇于担当中华民族伟大复兴的时代新人。"归原"即归原、归源、归元。原,即根本,归原即让学生回归自然,学会生存,探索"人与自然"的关系;源,即源头,归源即让学生回归生活,与人为善,探索"人与人"的关系;元,即始,元气、精气,归元即让学生学会尊重生命、珍爱生命,拥有强健的身体品质、健康的心理品质、独特的个性品质、超前的思维品质,彰显生命力量,元是对生命状态的追求,对生命之美的追求,是探索"人本身"。"归原"就是"树人",就是要回归教育本质,遵循教育规律,敬畏天性、尊重人性、关注个性。

在学校的课程建设工作中,我们一直遵循着我区"守中归原"这一教育哲学,守住自己的本心:我们培养的是有大爱的学子,不要急功近利的只关注学生的成绩而忽略了德行的培养。只有考虑到孩子的需求,国家的需求,才能打造自己学校的独特品牌。

3.学校文化

郑州市实验小学秉承"爱的教育"办学理念,致力培养"爱人、爱己、爱世界,乐学、乐思、乐成长"的实小学子。学校将"爱生、爱校、爱教育,乐教、乐研、乐提升"作为学校的教师核心价值观。让孩子们在爱的氛围中茁壮成长!

(二)科学诊断,找准定位

2019年初,为了更好地进行学校课程体系建设,学校参加了"以核心素养为本的课程体系建设与学校整体变革创新实验项目"。为了科学诊断课程建设基础,为后续的课程建设改革明确方向,项目组专家对郑州市实验小学的学生、教师、家长进行了深入全面的调查研究。

本次学生问卷调查(见图2-1)内容主要包含调查者的基本信息、学生对各类课程感兴趣程度以及对自身能力的认识。

本次家长问卷调查内容主要包含调查者的基本信息,家长对学校现有课程的满意程度与对家长课程或未来学校课程建设的建议。

(三)学生方面

小学生最喜欢的学校课程调查问卷

亲爱的同学们：

　　你好！这是一项关于小学生最喜欢的课程调查问卷，作为郑州市实验小学的学子，希望你在我们的问卷上对每一个问题都能实事求是地回答，以便我们能准确掌握分析情况，促进教学工作。谢谢你真诚的合作！

1. 你所在的年级是（　　）　　　A.一年级　　　　　B.二年级

2. 你的性别是（　　）　　　　A.男　　　　　　　B.女

3. 下面的国家课程中，你最喜欢的课程是（　　　）

A. 语文　　B.数学　　C.科学　　D.体育　　E.音乐　　F.美术　　G.道法

4. 你喜欢这门课程的原因是（　　）

A.喜欢这门课的老师　　　　　B.对这门课学科知识有兴趣

C.喜欢这门课的学习方式　　　D.这门课的成绩很好

5. 你参加的校外培训班是自己选择的还是家长选择的？（　　　）

A. 自己选择　　　B.家长选择

6. 你愿意去上校外培训班吗？（　　）

A. 愿意　　　　　B.不愿意

7. 你认为你的兴趣、特长在哪一方面？（　　）

A.语文　　　B.数学　　　C.英语　　　D.计算机

E.音乐　　　F.美术　　　G.科技　　　H.运动　　　I.其他

8.你会在课外多多了解这门课的相关知识吗？

A.经常会　　　B.不会　　　　C.偶尔会

9.你比较喜欢哪种学习方式？

A.老师教授型的课堂　　　　　B.同学多交流的课堂

C.实践活动型的学习　　　　　D.体验探索式的学习

E、其他：＿＿＿＿＿＿＿

10.如果可以自由选择课程，你希望学校开设一门什么课程？

＿＿＿＿＿＿＿＿＿＿＿＿＿＿＿＿＿＿＿＿＿＿＿＿＿＿＿

图 2-1　小学生最喜欢的学校课程调查问卷

1.学生方面

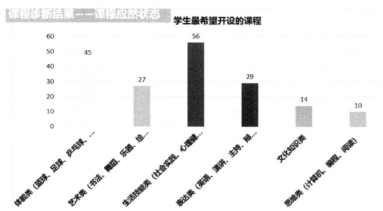

图2-2 课程诊断结果——学生最希望开设的课程

调查结果(见表2-2):

56个学生对于生活技能类感兴趣,45个学生对体能类课程感兴趣,29个学生对表达类与艺术类感兴趣,总体来看,只有10个的学生对思维类与文化知识类感兴趣。因此,推断出学生最希望开设的是生活技能类的课程。

表2-2 课程诊断结果

	个案数	最小值	最大值	平均值	标准差
课前我会对将要学习的新课做预习	321	1	5	4.71	0.618
平时学习过程中我会对面前的知识进行复习	321	1	5	4.60	0.654
课前我会做好上课准备,如准备好相应的课本、作业本、文具等	321	3	5	4.80	0.456
我们的学习任务很重	321	1	5	3.37	1.187
有效个案数(成列)	321				

(1)分析诊断

如表2-3所示,94.2%的学生能够做到课前预习;92%的学生能够做到课后复习;96%的学生学习习惯较好,能做好课前准备等。同时我们的课业负担也不重,选择此题的学生达到了67.4%。

表2-3　课程诊断结果——学生能力的优点

	个案数	最小值	最大值	平均值	标准差
不用别人督促，我会主动学习	321	1	5	4.26	0.798
面对新学的知识，我会主动探究，寻找答案	321	2	5	4.36	0.775
我不喜欢自己花时间去钻研新学的知识，更喜欢老师直接讲解知识点	321	1	5	3.54	1.214
我认为课堂讨论或者小组活动对自己的学习是有帮助的	321	1	5	4.74	0.559
有效个案数（成列）	321				

（2）学生能力的不足点

85.2%的学生能做到主动学习；87.2%的学生面对新知识能够主动探究；70.8%的学生不喜欢花时间钻研新知识，说明学生的自主学习能力还需加强。

（3）学生对课程的评价

如表2-4所示，对于课堂教学评价还是很高的，课堂参与度、学习活动的设置得分均超过4.5分。但是学生觉得最能解决疑问的课是语文学科，从这一点可以说明其他两大学科的教学水平还需要加强。

表2-4　课程诊断结果——学生能力的不足点

	个案数	最小值	最大值	平均值	标准差
我会经常对课程本身进行评价并认为这样做的意义很大	33	3	5	4.58	0.614
对课程的学习评价，应采用多元化的评价	33	4	5	4.85	0.364
有效个案数（成列）	33				

2.教师方面

为了找准学校课程建设的目标和结构，2019年4月，华南师范大学左璜教授对学校课程实然和应然状态进行调研，从教师的解读教材的能力、创新能力、教师课程目标的设计能力、课程开发能力、课程评价能力等进行调查。

（1）调查结果

通过调查，91.6%的教师认为学校开设多种多样的课程是有必要的，但是生活类的课程较少,而且校本课程的开设老师们不够专业,也没有特色。

(2)分析诊断

97%的教师认为多元化的评价很有必要,教师对于课程建设这项工作的意义是非常认可的,说明课程意识较强。

教师认为学校现在所开设的课程存在的必要性:

(1)31位老师认为都是有必要的;

(2)1位老师认为知识性的课程少一些,多培养生活能力的课程多一些;

(3)1位老师认为学科延伸类的专业课程和社团很有必要,但有些老师申报的课程,是老师的个人爱好,不够专业,也没有特色。

表2-5　课程目标设计能力

	个案数	最小值	最大值	平均值	标准差
我确立的课程目标在实施过程中几乎没有什么障碍	33	2	5	3.97	1.015
有效个案数(成列)	33				

表2-6　课程实施能力

	个案数	最小值	最大值	平均值	标准差
我会根据课堂的实际教学情况对教材内容进行重新组织和安排	33	3	5	4.67	0.540
有效个案数(成列)	33				

表2-7　课程开发能力

	个案数	最小值	最大值	平均值	标准差
在课程资源开发方面,我有非常丰富的经验	33	2	5	3.64	1.141
我有能力进行校本课程的开发	33	2	5	4.00	0.968
有效个案数(成列)	33				

表2-8　课程评价能力

	个案数	最小值	最大值	平均值	标准差
我了解课程评价的标准与方法,能对课程的目标、内容及实施过程、实施效果进行有效的评价	33	3	5	4.24	0.708
有效个案数(成列)	33				

如表2-5—8所示，课程设置的目标在实施的过程中没有困难的教师占79.4%，能根据课堂教学进行组织和安排的教师占93.4%，具备课程开发能力的教师占72.8%，课程评价能力强的教师占84.8%。说明教师课程目标的设计能力需要加强，课程开发能力、课程评价能力有待提高。

3. 家长方面

家长对学校课程的调查问卷

尊敬的家长朋友：

　　您好！孩子的健康成长是我们共同的愿望，学校的各项工作离不开您的关心和支持，为了实小学子拥有一个美好的明天，我们欢迎您对学校课程方面提出宝贵的意见和建议，以便有针对性地进行家校合作，谢谢合作！

1. 您的孩子所在的年级是（　　）
　　A.一年级　　　B.二年级
2. 您感觉孩子喜欢来我校上课吗？
　　A.喜欢　　　B.非常喜欢　　　C.一般　　　D.不喜欢
3. 对学校开设的课程满意吗？（　　）
　　A.满意　　　B.非常满意　　　C.一般　　　D.不满意
4. 你孩子喜欢他/她的任课老师吗？
　　A.喜欢　　　B.非常喜欢　　　C.一般　　　D.不喜欢
5. 你认为学校开展的课程丰富多彩吗？（　　）
　　A.丰富　　　B.比较丰富　　　C.一般　　　D.不丰富
6. 学校开设的校本课程能满足您孩子的兴趣爱好吗？（　　）
　　A.满足　　B.比较满足　　C.一般　　D.不满足
7. 您认为目前学校应该多开发哪些类别的特色课程？（　　）
　　A.人文素养类　　　B.科学素养类　　　C.学科拓展延伸类
　　D.生活技能类　　　E.身心健康类　　　F.乡土风采类
8. 您对学校校本课程开展的时间满意吗？（　　）
　　A.满意　　　B.非常满意　　　C.一般　　　D.不满意
9. 学校开展校本课程能帮助孩子的特长发展吗？
　　A.能　　　B.一般　　　C.不能够
10. 您的职业或专业是什么？
　　_____
11. 如果让您发挥职业或专业特长，您愿意承担学校的家长课程吗？
　　A.愿意　　　B.不愿意　　　C.无所谓
12. 您对学校课程建设方面还有什么意见或建议？
　　_____

图2-3　家长最喜欢的学校课程调查问卷

（1）调查结果

在调查中发现家长期待学校能够为孩子提供丰富多彩的课程,希望能够让孩子在学校课程中提高学习的兴趣,培养爱好特长(见图2-3)。

（2）分析诊断

郑州市实验小学的课程内容在开设前,要有整体规划意识,教师在申报课程时也能突出学校特色。

针对学生的学习能力的不足,各科教师要改变课堂教学,激发学生学习的动力,培养学生学会学习、善于思考的好习惯,切实提升学生解决问题的能力。

教师课程能力不足,要多阅读专业类书籍,研读教材与教学参考书,扎实做好教学工作,为课程的研究打下坚实的基础。学校多创造培养教师课程能力方面的学习机会,组织教师参与课程的编写,多研究开发课程的评价。

总而言之,正是由于学生学习主动性不高、缺乏生活体验,郑州市实验小学开始探索全新的课堂形态,这样才能调动学生学习积极性,老师的课堂才有吸引力,从而促进学生的全面发展,达到五育并举。这一系列问题都可以通过课程建设这个工作来解决。

老师们热爱学习,不断探究,通过调查问卷发掘自身的不足,并不断掌握理论研究知识、勇于实践的勇气、不断寻求课程问题的解决,老师们虽然经验不足,能力不够,但是大家都期待迈出这一步,希望在这个过程中能够提升自己的课程能力,为学生的全面发展以及学校的品牌创建发挥自己的光和热。希望通过此次问卷调查能为今后的课程结构指明方向,课程中要多设置一些贴近学生生活以及多动手实践的内容。

学校课程建设在有效落实国家意志、地域特色、学校特色、学生的个性需求;另一方面,体现在不同学校都要努力创建适合本校学情、师情实际的校本课程体系架构,满足不同学生的个别化、个性化的学习需求。

通过此次调查,有效地明确了学生的需求、教师能力培养的方向,再结合家长的需要,创造出适应郑州市实验小学的课程建设。

二、明确核心素养，厘定课程原则

(一)明确核心素养

1.核心素养的内涵

未来基础教育的顶层理念就是发展学生的核心素养。核心素养是党的教育方针的具体化，是连接宏观教育理念、培养目标与具体教育教学实践的中间环节。中国学生发展核心素养，[①]以科学性、时代性和民族性为基本原则，以培养"全面发展的人"为核心，分为文化基础、自主发展、社会参与三个方面，综合表现为人文底蕴、科学精神、学会学习、健康生活、责任担当、实践创新等六大素养，具体细化为人文情怀、审美情趣、理性思维、批判质疑、勇于探究、乐学善学、勤于反思、信息意识、珍爱生命、健全人格、自我管理、社会责任、国家认同、国际理解、劳动意识、问题解决、技术运用、人文积淀十八个基本要点。学生发展核心素养是学生应具备的，能够适应终身发展和社会发展需要的必备品格和关键能力，是关于学生知识、技能、情感、态度、价值观等多方面要求的综合表现(见图2-4)。

---

① 《中国学生发展核心素养》研究成果9月13日在京发布.核心素养以培养"全面发展的人"为核心，分为文化基础、自主发展、社会参与3个方面，综合表现为人文底蕴、科学精神、学会学习、健康生活、责任担当、实践创新6大素养，具体细化为国家认同等18个基本要点.该成果是教育部委托北京师范大学，联合国内高校近百位学者成立课题组，历时3年完成的.

图2-4 核心素养内涵

2.育人目标的确定

学校抓住"培养什么样的人、如何培养人"这一问题做深入思考。围绕"做好爱的教育"的办学理念,期待每一位郑州市实验小学的学子都能够把"爱"根植于内心,学会珍爱自己、关爱他人、热爱生活、热爱世界,成为具有爱心的仁人志士;希望每一位学子在学校的学习生活能够以快乐为源泉,乐于学习、乐于思考、快乐成长。学校提出了智德共生的育人目标:爱己,爱人,爱世界;乐学,乐思,乐成长。

做好爱的教育,就是发挥以爱育爱的作用,把"爱"作为教育的途径,把"爱"视为教育的方法,最终实现以爱生爱、以爱生智、以爱生美的三重目标。

学校课程体系的构建,直接关系到学生核心素养培养的落地。只有寻找到核心素养落地的基石,立足于开发儿童潜能,舒展儿童个性、彰显"童真",唤醒"童心"、激发"童趣",为每个儿童提供适应生长的土壤,顺天致性,让他们自然自由、自信地生长,成为最好的自己,培养出来的学生才是"全面发展的人"!

(二)厘定课程原则

明确学生应具备的适应终身发展需要的必备的品格和关键能力、同时塑造孩子健康心理、强健体魄。将这些要素融入适合学生发展的课程框架和评价体系，从而促进学生道德品质和身心素养全面提升。

在核心素养的视野下，我们必须调动一切课程资源，如教师、学生、学校办学理念、学校环境、学校各种活动、学校所在地的文化、社会环境等，把国家课程、地方课程、校本课程进行统一规划，打破这三者之间的界限，根据学校实际情况，树立核心素养视野下的大课程观，构建学生发展所需要的，具有学校特色的，融国家、地方、校本三级课程为一体的学校课程体系。一所学校，一旦建立起了自己的课程体系，将由此摆脱"千校一面"的格局而形成自身特色。

(三)课程建构原则

1.国家课程校本化

国家课程体系的核心是国家课程标准。制定国家课程标准，主要参照的是国内的大多数学校经过努力能够达到，照顾的是处于中等水平的、大多数的学校、教师和学生。为了更好地培养学生的核心素养，我们必须对国家课程进行校本化处理，根据学科特点进行科学增减、组合、重整，才能使核心素养通过课程这一重要途径更好地落地。

学科课程内部资源整合的原则：

一是以课程目标为标准，确保课程目标落实。

二是关注学生学习基础，保证整合的计划性与序列性。

三是以教材内容为蓝本，找准整合点，有机整合拓展，提高实效。

四是深入研究常态课堂，明确改革思路，以高质量的常态课保障整合效果。

2.校本课程系统化

校本课程是以学校为主体，完全由学校自主开发的课程。相比国家课程,它拥有更大的灵活性与自主性,能创新的空间更大。核心素养的提出,学校所有的课程关注的是学生的全面发展,单一的课程开发过于单薄,找不到支撑的体系,实现不了我们的培养目标,失去了开发的意义。在开发校本课程的时候,必须与学校的整个课程体系进行融合、统整,进行系统化开发,让它与学校课程体系融合,找到他在学校课程体系中的应有位置,与学校课程体系紧密相连,丰富学校的课程体系。

校本课程系统化原则:

一是课程的各个构成要素统一指向课程体系目标系统。

二是确定校本课程体系的学科门类,以及各学科内容的比例关系。

三是设置好必修课与选修课、分科课程与综合课程的搭配。

3.班级课程特色化

班级课程开发其实也是校本课程开发里的一部分。班级教师、学生、家长也是课程资源的一个最重要的因素,教师、家长、学生自身的专业特长、志趣和专业风格以及累积的个人经验都是课程开发的重要依据。这里强调了教师、家长、学生"以自己为资源"的优势。

班级课程创特色原则:

一是以国家教育目标为基本准则,规范和引导整个开发活动。

二是以学校核心育人理念为支撑,突出班级特色。

三是以学生需要和教师、家长、学生资源为依据,最大限度满足学生成长需要。

(四)课程设置的特色

在课程设置上,学校力求突出"基础性与发展性相结合""规定性与选择性相结合""传承性与时代性相结合"的特点。

1.基础性与发展性相结合

根据学校办学理念,强调基础性与发展性相结合的课程价值取向。我们认为,人的学力包括两方面,基础性学力和发展性学力,其中,保障学生基础性学力的课程,既包括国家课程,也包括校本课程。基础性学力的保障课程，关注学生的综合素质和全面发展，为学生的全面发展和个性成长打下坚实的基础。保障学生发展性学力的课程，是基于学校育人目标构建的，是帮助学生在侧重某一专业领域进行深入探索，促进学生"学有特长"的课程。基础性和发展性课程相结合，既帮助学生"成人"，亦帮助学生"成才"，从而促进学生成为以爱生爱、以爱生智、以爱生美的幸福个体。

2. 规定性与选择性相结合

学校课程既要体现国家对合格公民和社会主义建设者的基本要求，又要满足学生个性发展的要求。基础类课程属于国家必修课程，此外，为了每个学生的自主发展，将体育大课间、安全教育、心理健康教育等校本课程在课程体系中定位，进课表，体现国家和学校对学生的基本要求。

增强课程的选择性是新课程改革的基本目标之一，也是学校自主设置课程的价值追求之一。它对形成学生主体意识和能力、发展其个性，实现学校培养德智共生的学生具有重要的意义。所以，学校从学生的兴趣、志向和能力出发，按照"阅读写作类""探索创造类""艺术健康类"三大类别，供学生自主选择。

3. 传承性与时代性相结合

作为一所新建校，要充分发挥学校特色，坚守实小"爱的教育"优秀文化的"传承性"，通过课程设置与实施，将实小文化中的精神因子以课程为载体传递给学生，培养有爱的实小情怀。"时代性"是指从社会发展的特点来看，我们的课程为促进社会发展这个大局服务，不仅着眼于学生对知识的领会，还联系学生当前和未来生活的需要，让学生成为具有国际视野、创新能力、能够学以致用的有爱人才。

三、依据课程原则，构建课程体系

依据课程的育人目标和课程建设的原则，郑州市实验小学为立德树人、落实"做好爱的教育"办学理念，规划开设了"爱 LOVE 课程体系"，涵盖了"爱身心""爱艺术""爱生活""爱阅读""爱写作""爱探究""爱创造"七大课程板块。所有课程之间，有组织、有计划、目标功能一致，且又相互补充、互相交织,共同指向育人目标:爱己 爱人 爱世界 乐学 乐思 乐成长。学校的这一系列课程就构成了组织体系,成为结构化的学校课程群,即课程体系。

课程建设任务重、内容多、主观性强、结构复杂,在课程开发、实施中需要办学理念作为灵魂和向导。因此校长带领团队深刻论证、明晰,透彻理解办学理念的内涵和外延是建设课程体系的必要前提。

"爱的教育"要建立的"课程观":在爱的教育理念指导下,秉承"德智共生"的课程观,构建"爱LOVE课程",发展起育"大爱之人"的现代课程体系,着眼于学生在获得基础知识与基础技能的过程同时成为学会学习和形成正确价值观的过程,让学生在课程中萌爱、释爱、施爱和启爱,实现知识、技能、价值观获得过程的融合。

在学校的课程建设工作中,我们一直遵循着我区"守中归原"这一理念,守住自己的本心:我们培养的是有大爱的学子,不要急功近利的只关注学生的成绩而忽略了德行的培养。只有考虑到孩子的需求,国家的需求,才能打造自己学校的独特品牌。

做好爱的教育,就是发挥以爱育爱的作用,将"爱"视为教育途径和教育方法,最终实现以爱生爱、以爱生智、以爱生德的教育任务。通过"爱LOVE"七大课程深入落实《中国学生发展核心素养》和《中小学德育工作指南》的精神。在"大德育""大心理"的指引下,围绕着"自己""社会""自然""文化"四个维度,清晰定位出七大板块课程的德育目标,充分将理想信念教育、社会主义核心价值观教育、中华传统文化教育、生态文明教育和心理健康教育融合其中。

依据学校育人理念、学生需要、校内外教育资源,进行校本课程、隐性课程的科学规划和建设,进而构建学生发展所需要的、具有学校特色的、融国家、地方、校本三级显性课程与学校隐性课程为一体的学校课程体系。

学校课程建设的过程是对学校课程蓝图的勾勒与践行过程,是学校整体发展与形成特色的核心,也是学校的一种常态生活和思考方式。学校以"以核心素养为本的郑州市实验小学课程体系建设与学校整体变革创新实验项目"为切入点,构建"爱"特色课程体系实施路径,通过组建项目微团队明确任务要求,通过对教师群体进行访谈、问卷调查、课程观察、座谈交流等方式诊断教师的课程实施能力,通过阅读、研究与"爱"特色课程体系相关的文献做好理论支撑,顺而初步完成"爱"特色课程体系的构建。

(一)课程体系的内容

根据"爱的课程"图谱(见图2-11),按照《基础教育课程改革纲要(试行)》中指出的实行国家、地方、校本三级课程管理要求,遵循《中国学生发展核心素养》的培养方向,结合校内课程资源以及校外(社会、社区、家长……)教育资源的整合,对学校课程内容进行系统构建:

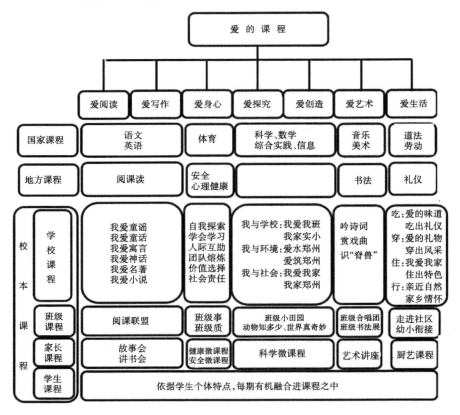

图2-5 "爱的课程"图谱

一是,"爱的课程"课程结构图,从横向来看分为三级课程管理,即"国家课程""地方课程""校本课程"。其中,"校本课程"又结合学校实际加以分层:依据学校课程理念,面向全体学生统筹安排开设项目式特色课程"学校课程";结合教师特长和周边资源,开设"班级课程""家长课程"和"学生课程"。

二是,"爱的课程"课程结构图,从纵向来看分为七个体系,即七大板块课程内容——"爱阅读""爱写作""爱探究""爱创造""爱身心""爱艺术""爱生活"。通过七大板块的课程,落实五育并举(见表2-9)。

表2-9　"爱的课程"结构

	德育	智育	体育	美育	劳动教育
爱的课程	七大课程	七大课程	爱身心	爱艺术	爱生活

三是,《中国学生发展核心素养》就是培养全面发展的人。北京师范大学的褚宏启教授指出"核心素养"就是步入21世纪的学生成为一个社会人而应该具备的"关键素养"。学校在规划"爱的课程"体系时,有意识地将《中国学生发展核心素养》中的要求在学校"爱的课程"中能够体现与落地,见表2-10:

表2-10　"爱的课程"中核心素养体现

中国学生发展核心素养	文化基础		自主发展		社会参与	
	人文底蕴	科学精神	学会学习	健康生活	责任担当	实践创新
爱的课程	爱阅读	爱探究	爱写作	爱身心	爱生活	爱探究
	爱艺术	爱创造	爱探究	爱生活	爱创造	爱创造

(二)课程的实施

1.学校课程设置安排

按照《义务教育课程设置实验方案》中对课程设置的要求,结合学校课程结构和内容,对学校课程做好周课时及日课时安排,见表2-11:

表2-11 "爱的课程"周课时设置

		一	二	三	四	五	六	组织形式
国家课程	语文	6	6	7	7	7	7	自然班
	数学	4	4	5	5	5	5	
	英语			2	2	3	3	
	道法	2	2	2	2	2	2	
	科学	2	2	3	3	3	3	
	艺术	3	3	3	3	3	3	
	劳动	1	1	1	1	1	1	
	体育	3	3	3	3	3	3	
	综合	1	1	1	1	1	1	
	信息	隔周一节						
地方课程		1	1	1	1			自然班
校本课程	必修	1	1	1	1	1	1	自然班
	选修	1	1	1	1	1	1	走班制

　　学校在课程设置中，严格按照教育部的规定，开足国家课程。同时，根据省级教育行政部门规划，充分利用地方特色教育资源，开设地方课程。学校在一到四年级开设书法课程，让学生体验中国传统文化中毛笔字的认识与书写，培养学生的爱国精神，铸牢中华民族共同体意识。

　　立足学校"做好爱的教育"办学理念、学生需要和校内外的资源，开设丰富多彩的校本课程，发挥特色教育教学资源优势。同时在课程上设置必修和选修两类，充分尊重学生的自主选择权利，满足学生多样化学习需求。

2.国家课程的实施

（1）国家课程的重要性

　　国家课程集中体现国家的意志，是国家依据未来公民接受教育之后所要达到的共同素质而面向全国开发的课程，体现了国家对不同阶段学生在知识与技能、过程与方法、情感态度与价值观方面的基本要求。

　　国家课程是学生学习的基础课程，是学校开设的核心课程。学校要按照《义务教育课程设置实验方案》的要求，开足课时，开满课程，配齐教师。

　　国家课程的教学要以国家发布的各学科的《课程标准》为标尺，基于课标、基于教材、基于学情做到"基于标准的教学与评价"。

（2）探索国家课程校本化,形成学校课堂形态

国家课程是面向全国开设的课程,存在两大问题:一是更多是以传统的分学科方式进行呈现,难以打通学科内和学科间的逻辑联系,难以让学生的学科知识和社会生活、课内学习和课外活动紧密联系起来;二是国家课程所面对的地域不同、校情不同、教师不同、学生不同,难以满足各级各类的培养需求。

随着教育教学改革的不断深化,为了保障学生身心健康,减轻学生过重的学业负担,国家提出了"双减政策",要求学校严格控制作业量。随之颁布的《义务教育课程方案和课程标准（2022年版）》,聚焦中国学生发展核心素养,指出培养学生适应未来发展的正确的价值观、必备品格和关键能力。素养导向的学业评价也已经先行一步发生了,靠着刷题考高分的情况已经不复存在,取而代之考查的是学生运用所学知识灵活解决生活中的实际问题的能力。"双减""双新"以及素养导向的学业评价,这一系列的改革,推动着我们的课堂教学要随之发生变化。新课标下的课堂教学要如何实施? 道德课堂形态,要进行怎样的迭代发展呢?

我们认真研读了《义务教育课程方案和课程标准（2022年版）》后,确立了研究目标与思路:通过先理论研究后实践检验的方法,寻求培养学生核心素养的教学要素,从而迭代、发展道德课堂形态。

在道德课堂理念的引领下,基于"爱的教育"办学理念以及"以爱扎根快乐学习"的课堂教学理论主张和实践主张,我们从新课标中提取出关键词"核心素养""单元整体教学""情景""实践",依据这些关键词,定下课堂教学的四要素,即"生活情景导入（Living）""操作与实践（Operating）""变式学习（Varying）""探索应用（Exploring）"。四要素的英文首字母,组成了单词"LOVE",建构了学校"LOVE课堂"形态。希望以这样的课堂形态,落实新课标的理念,发展核心素养。

（3）综合实践活动课程的实施

综合实践活动是国家义务教育和普通高中课程方案规定的必修课程,与学科课程并列设置,是基础教育课程体系的重要组成部分。综合实践活

动是从学生的真实生活和发展需要出发，从生活情境中发现问题，转化为活动主题，通过探究、服务、制作、体验等方式，培养学生综合素质的跨学科实践性课程。在小学一年级第一学期可以利用综合实践活动课进行必要的入学适应教育，对学生的学习、生活和交往进行指导。鼓励将小学一至二年级道德与法治、劳动、综合实践活动，以及班队活动、地方课程和校本课程等相关内容整合实施，统筹各门课程跨学科主题学习和综合实践活动安排，在开足规定课时总数的前提下，根据具体活动需要，把课时的集中使用与分散使用有机结合起来。

3. 校本课程的实施

（1）实施原则

一是，关注兴趣。基于学习者的需要、动机、兴趣和直接经验来设计、实施相关课程活动，充分关注学习者的兴趣和直接经验，并以此为基础实现对传统学科的知识结构与逻辑体系的超越，建立一个更接近学生真实学习世界的创新课程领域，是确立课程存在合理性的必然选择。

二是，立足实践。不再局限于书本知识的传授，让学生亲身参与，主动实践，在实践中运用所学知识解决各种实际问题，提高解决实际问题的能力，实践并不仅仅意味着让学生作社会调查、参观、访问，更重要的是为学生营造实践情景，通过引导，让学生自己能够发现问题，提出问题，解决问题。特别是学生能够面对生活世界的各种现实问题，综合运用所学知识，主动去探索、发现、体验、重演、交往、亲力亲为，获得解决现实问题的真实经验，从中培养实践能力。

三是，着眼创新。着眼于学生创新精神和创新能力的培养，是爱LOVE课程价值与目标最本质的体现。与学科课程相比，本课程为学生创新品质的形成提供了更为宽松、自由的空间。它不受学科知识体系和逻辑结构的限制，在活动过程中，学生始终处于主体地位。在这一过程中，学生的想象力和创造力可以充分发挥出来。

（2）实施策略

一是，加强专业管理，引领课程航行。学校进行项目管理制，组建"课程管理"项目组，由校长、业务副校长、教导主任、骨干教师组成，制定《郑州市实验小学课程制度》，整体规划与不断完善学校课程体系。与任课教师签订《学校课程教学目标责任书》，保障国家课程开足、开齐，老师教学目标明确，教学有效；审查《课程纲要》的制定是否切实；审核课程教学方案设计是否实效；审议各门课程开设的质量；组织开展课程研讨活动，不断提升与完善课程质量与体系；走进课堂听课调研，规范教师教学活动……

二是，巧用传统活动，促进课程提升。学校确定两大传统活动项目：一是每学年第一学期在元旦之际开展"阅读者大会"，此活动旨在将与阅读有关的课程（比如：绘声绘色、小小主持人、阅读联盟、晨诵、数学故事、故事会……）；另一个是用歌、舞、剧、叙、讲等多种形式呈现一个个阅读故事、阅读收获、阅读行为，让学生传承文化经典，感受文字力量。

三是，推进家校合力，完善课程体系。学校提出要以"开放的胸怀办教育"，所谓开放的胸怀，其中一点就是对家长的开放。依据现代教育的发展，学校已经不能再成为一个封闭的教育孤岛，目标的实现、理念的落实，需要家长和社会的参与。所以学校请家长走进来，建立家长委员会，每周一天家长开放日，形成办学共同体，形成教育合力，家长协同规划学校发展、建言献策学校相关决策、梳理学校课程体系、参与课程教学……让家长朋友用第三只眼睛看学校，谈教育，给学校带来更广的视野，更新的思考。

（3）实施方式

①坚持学生自主选择。在学校网站和公众号中建立"郑州市实验小学校本课程选课系统"，学校会将各门校本课程的主题、内容简介、教学进度、教学目标上传至选课系统。每个学期初，学校要求学生在规定的时间内，上学校网站或公众号进行选课。学生根据自己的学习兴趣，自主选择校本课程，在选择中发现潜在能力的火花。在选择中培养学生的信息采集和加工的能力，学会学习使学生在课程的自主选择和个性化知识的掌握过程中形成更多更广泛的能力，更好地认识学习的价值，塑造健全的人格。

②体验多样的课程内容。校本课的选课原则是每一学期选择体验一门校本课程，不得重复选择，如果所选课程人数已满，应立刻选择另一门课

程。这样的网上选课方式,让学生能够充分了解学校开设的所有校本课程,方便了学生快捷选课。同时,进一步拓展学生知识领域,提高综合素质,发展批判思维能力、创新精神和实践能力,促进学生全面发展。

③采用走班制上课。根据实际情况,校本课程采用走班制。每周五下午第一节课是校本课程时间,来自不同班级、不同年级的学生源于选择课程内容的一致性,走进课程指定的地点一同开展学习。让学生与不同年龄的同学开展小组合作,低年级学生对超过自己能力范围的探索任务,会向高年级同学寻求帮助,他们的互动是互相促进的过程,即大带小、小促大的氛围能够为低年级学生提供更多看、听、模仿的机会,给高年级学生提供更多讲解、操作、示范的机会,彼此交流,彼此学习,可以强化孩子们好奇、探索、求知的欲望,促使他们自己主动解决问题、寻求答案的方法,逐步提升人际交往能力。

陈小娅在《努力成长为新时代的人民教育家》①一文中曾提道:"一定要把学校的一切工作都变为教育的机会和手段,让教师的一言一行,让学校的一砖一石、一草一木、一角一景都体现着教育。"学校课程建设是学校提升综合办学能力的一项重要工作。学校要树立"无处不课程、无事不课程、无时不课程"的大课程观。为了学生的健康成长,学校课程建设不可或缺。

---

① 陈小娅.努力成长为新时代的人民教育家[J].人民教育,2007,(24):2-5.

第三章　以爱添彩：
　　　　打造爱 LOVE 跨学科
　　　　主题课程

一、跨学科主题课程

2016年,我国发布的《中国学生发展核心素养》框架明确指出,核心素养是指向全面发展的人的跨学科必备品格和关键能力。核心素养勾勒了21世纪新型人才的形象,要使核心素养教育有效落地:一方面,要继续依靠以学科核心素养为基本培养路径的学科课程;另一方面,要因地制宜地开展跨学科主题课程,培养其跨学科视野及知识、能力的迁移,涵养其必备品格。[①]全国对于学生核心素养培养的重视使得跨学科主题课程的开设日益受到重视。如何选择主题,如何进行学科间的有机融合以及如何让课程实施实现跨学科学习目标等,是跨学科主题课程建构与实施要考虑的系列问题。借鉴国内外跨学科课程开发的经验,立足本校"爱的教育"育人目标,郑州市实验小学尝试进行爱LOVE跨学科主题课程体系的探索与实践。

(一)何谓跨学科主题课程

什么是跨学科?戴安娜·罗顿等人在《文科类院校的跨学科教育》中提出:跨学科教育是一种课程设计与教学模式,由单个教师或教师团队对两门及以上的学科知识、资料、技术、工具、观点、概念或理论进行辨识、评价与整合,以提高学生理解问题、处理问题、创造性地使用多学科的新方法解决问题的能力。[②]美国国家科学院在《促进跨学科研究》中提出:由个人或团体对两门及以上学科的信息、资料、技术、工具、观点及理论进行整合的研究模式,为了提升基本认识或解决问题,而那些问题的解决方案通常超

---

① 李群,牛瑞雪.创建跨学科主题课程 涵养学生发展核心素养——北京市"人文·科技·生活"主题课程实践[J].教育理论与实践,2019,39(23):39-42.

② D. Rhoten, Mansilla V.B. , Chun M. , et al. Interdisciplinary Education at Liberal Arts Institutions. 2006.

出了单学科或单个研究实践领域的范畴。①艾伦·雷普克在《如何进行跨学科研究》中提出:跨学科研究是回答问题、解决问题、处理问题的进程,这些问题太宽泛、太复杂,靠单门学科不足以解决;它以学科为依托,以整合见解、构建更全面认识为目的。②

从这些定义中,我们可以发现:跨学科课程是以多个学科为依托,整合来自不同学科的知识和方法,共同指向真实情境中的问题探索与解决,从而体现对不同学科领域的知识的整体理解。它的着眼点不是某几个学科知识内容与结构的简单综合,而是多学科视角和思维下解决问题的能力。因此跨学科主题课程就是以"整合"的方式,打破学科内容之间以及学科与学科之间的边界,学生围绕着来自真实世界的某一学习主题,进行基于现实生活的、以学科联动为特征的开放性学习。

(二)跨学科主题课程的特点

1. 以跨学科思维培育为取向

跨学科课程着眼于学生跨学科思维的培育。跨学科思维是一种高阶整合思维,具有跨学科的问题意识、边界识别意识以及领域互动意识等思维特征,它是通过移植、融合、联动、互补的作用机制来实现学科整合的。在跨学科课程学习中,学生作为研究者围绕某一项目或某一主题参与学习活动,以整合思维实现对问题的解决,使主动学习、个性化学习成为可能,学习真实地发生。③

2. 以解决真实问题为抓手

跨学科课程是一种解决真实问题的实践活动,具有实践性、情境性和社会性特征,它将学习视为发生于具体情境中的社会关联实践,是多维社会关联与交往互动的。跨学科课程的学习主题来源于学生生活世界中的

---

① 新馨.美国国家科学院建议促进跨学科研究[J].国外社会科学,2005,(06):110.

② AllenF.Repko.*How to conduct interdisciplinary research*[M].北京大学出版社,2016.

③ 王树宏.小学主题式跨学科课程整合的探索与实践[J].现代教育,2020,(01):11-13.

真实的问题、事件,是值得学生进行深度探究并且有能力去探究的问题。学生在课程学习中能够运用跨学科观念去解决真实问题,从而发展跨学科理解力。将静态化为动态、把抽象化为具体、使知识化为智慧是跨学科课程在课程内容上的变革。

3.以跨学科观念和方法为手段

跨学科观念和方法是两门或两门以上学科之间相互作用的一种观念和方法。从跨学科课程的作用机制看,跨学科观念和方法有利于解决复杂问题。如果说单一学科方法旨在解决单一领域内的问题,跨学科方法则旨在整合不同学科观念和方法用以解决综合性问题。当然,学科课程与跨学科课程也是相互嵌入的。只有当学生充分理解了学科逻辑、具备了学科思维,才能在不同学科之间建立内在联系,进而创造性地解决复杂的真实问题,发展跨学科观念和能力。

(三)跨学科主题课程研究现状

《基础教育课程改革纲要(试行)》中,有关课程改革具体目标在第二条明确指出:要重建新的课程结构,改变课程结构过于强调学科本位、科目过多和缺乏融合的现状,并设置综合课程,以适应不同地区和学生发展的需求,体现课程结构的均衡性、综合性和选择性。跨学科融合教学能够很好地体现培养学生核心素养的教学目标,在跨学科课程融合教学中,能够更深入地挖掘出与课程相关的人文底蕴,培养学生的科学精神,有效提升学生的文化基础。同时,跨学科融合课程也体现了新时代中国教育的特色,通过实施融合课程,能够培养出符合时代的有要求以更好承担起祖国未来的接班人。在这种形势下,基础教育阶段的课程教学要采用多学科课程融合的视角,探索多教学之间的互相融合便是当前基础教育改革的重要内容。①

由此可以看出,跨学科课程开展的重要性和必要性。但目前从跨学科

—————————

① https://wenku.so.com/d/096c11f20faa91d77ef325c210e09b1c.

课程的研究状况来看,国内关于跨学科研究的著作比较少,而且主要从经验角度来研究,实证性研究比较少,大多宽而广。研究内容主要集中在概念分析上,而具体有针对性的有效的实施策略比较少。大多是理论性文章,实证较少。从整体上看,跨学科课程研究系统性较为缺乏。

(四)LOVE跨学科主题课程开发依据

1.核心素养相关要求

核心素养规定了课程改革的方向与宗旨,是课程改革的核心目标,是教材编写、教育教学、考试评价、制度管理的根本依据。世界教育创新峰会(WISE)与北京师范大学中国教育创新研究院共同发布《21世纪核心素养教育的全球经验》的报告中指出,开设面向21世纪核心素养的课程要求要设置跨学科主题,结合基于真实生活情境的跨学科主题展开课程内容。[1]

2.义务教育课程标准相关内容

义务教育各学科课程标准都提到了有关"跨学科"学习和教学的内容,提倡要注重跨学科学习、关注学科综合、注意相关学科知识的渗透和融合等。同时,郑州市实验小学开发课程中设计有中国传统文化相关内容,在其他学科的课程标准中也都有提到。包括学生要关注传统文化、继承和发扬中华优秀传统文化、关注文化生活,提升对中国传统文化艺术的了解和掌握等。

3.小学不同阶段学生特点

在小学阶段,低、中学段学生进行的探究活动要侧重兴趣与体验,应选择相对简单、易操作,又能启发思维的实践内容;高学段学生进行的活动要求探究与动手实践并重,探究类实践活动的内容更综合,要从多个方面培养和激发孩子的想象力,创造力等。为满足不同学生的发展需要,结合学生的年级特点与学校育人目标,郑州市实验小学开发出既能帮助不同阶段的学生提升思考能力和创造能力,又能帮助孩子们拥有爱的能力的跨学科

---

[1] 黄金鲁克:《21世纪核心素养教育的全球经验》,辽宁教育,2016(18):8—10.

主题课程。

二、爱LOVE跨学科主题课程的建构模式

作为一所新建学校，郑州市实验小学的课程建构模式是在办学理念和育人目标的引领下整体规划设计的，具体的建构过程如下。

(一)学校组织架构

1.落实责任分工

为了确保学校特色课程研发的顺利进行，学校领导班子人人参与课程开发工作，如表3-1所示。

表3-1 课程团队组织架构图

课程名称	总负责人	具体负责人	组员
爱健康	于乐 （校长）	冯莉 (副校长)	鲁晓玲、杨婕妤、郑天荣、闫丽、郭静如
爱艺术		郭梦佳 （大队辅导员）	美术组、音乐组
爱生活		牛祎 (副校长)	张艳涛、崔丽超、李英华、任一伦、王菊、赵静娴、耿彩霞、石钰洁
爱阅读		毛燕 (副主任)	语文组
爱写作			
爱探究		宋胜辉 （书记）	雒贺、党晴、孙雪彦、付亚茹、刘毅君
爱创造			

2.制定实施计划

学校课程研发的工作思路是：先推进一门课程的搭建工作，随着经验值的增加，再开始搭建其他课程。

一是，于乐校长全程参与课程的建设工作，制定工作计划并定下完成工作的时间节点。定期召开各课程具体负责人工作会议，由各负责人汇报工作进展以及工作中出现的问题，在研讨会上予以解决。

二是，各个项目组具体负责人要对自己负责的课程进行深入思考，不

管是框架还是教材，都要形成初稿，让团队成员在初稿的基础上进行讨论修改完善。

三是，各个团队成员按照课程模块再次进行小组分工，每组2到3人，大家群策群力完成活动手册的编写工作。

（二）搭建课程框架

课程框架是课程研发的灵魂，它包含课程目标、课程内容、编写逻辑三方面内容，如表3-2所示。

表3-2　课程编写框架表

一、课程目标					
二、课程内容（可增加课程模块）					
课程模块	学习单元	学习主题与活动	核心内容	对应课程目标	授课方式
三、课程编写逻辑					

1.搭建路径

首先，确定课程模块。在确定课程模块时，我们各课程项目的具体负责人会结合身边的资源来进行设定，比如"爱探究"课程中的课程模块是"我与学校""我与学校""我与社会"，这三方面都和学生身边的资源息息相关。另外，还会结合学校实际进行设定，比如"爱健康"课程，郑州市实验小学针对身体健康除了每天的体育课、足球课，还坚持每天一小时阳光大课间活动，学生的身体素质已经得到了很好的锻炼，但是针对心理健康，学校的教育还是很匮乏的，所以我们把爱健康课程的模块，着重倾向于心理健康。

其次,制定课程目标。根据课程模块的内容,课程小组集体商议课程目标,制定目标时要和学校的育人目标具有一致性,同时还要考虑学生核心素养的落实。课程目标包含这门课程的总目标和针对课程各个模块的具体目标,涉及三方面内容:知识与技能、过程与方法、情感态度与价值观。

随着目标一项一项地制定,每个模块相应的学习单元以及主题活动也会随之清晰直至最终确定。

2.遵循原则

每个课程框架的制定都遵循学校的育人目标:爱己、爱人、爱世界、乐学、乐思、乐成长。比如爱健康课程的三个模块,是从爱己、爱人、爱世界这三个层面进行编排的,对自我的认识,自我的约束,团队协作,责任担当等。爱生活课程模块虽不是这样排列的,但是在每个单元设计主题活动时,都遵循"爱己、爱人、爱世界"这个目标,比如吃这一模块,春节特色饮食先介绍的是我们身边的特色饮食,然后是南方的,最后是亚洲的;住这一模块,从自己的家到社区再到世界。这些都是遵循"爱己爱人世界"这个育人目标,同时在安排课程的时候,还遵循"乐学、乐思、乐成长"这个目标,比如爱生活课程考虑到学生的年龄特点,第一学段以"乐学"为主,注重动手,让学生学一些基本的技能并积极实践,初步具有爱自己爱他人的能力,第二学段以"乐思"为主,调查、思考多了一些。

(三)编写活动手册

1.宣讲课程框架的设计意图

由各课程负责人对团队成员进行课程框架设计意图的宣讲,达到团队成员人人熟知的程度,对每一节课的内容、前后关联以及所处地位、要表达的理念等做到心中有数。

2.商讨活动手册的设计版式

团队成员结合课程内容、不同学段学生的年龄特点等因素,进行版式的设计。在每一课时的开始,出示活动目标,让学生对所学内容有一个清晰的认识；在每一课时的最后设计一个评价量表，和活动目标一一对应，让学生自己对自己的活动情况进行评价。中间环节，根据各个课程的特点，有不同的版式。

3.编写样章

定下设计版式后，由各小组成员进行第一课时的编写。

4.修改完善

团队成员一起对各小组编写的样章进行讨论、提出建议后，小组成员进行修改完善。

5.编写全部手册

样章通过后，小组成员就着手进行其他课时的编写工作。每编写一课需要课程负责人进行审核，通过后，会请左璜教授审核。

(四)实施方式

学校特色校本课程以研究性学习的方式作为一门独立的课程而开设，由编写手册的教师进行授课。

1.资源准备

各个项目课程小组先选出一节适合操作的课进行相应资源的准备：细化学习目标、设计教学过程、教学参考资料准备齐全、为学生学习提供具体的指导建议、学生进行前期准备等。

2.试用磨合

相应的教学资源准备好后，由编写本节课的教师进行授课，其他小组成员进行听评课。课后听取学生建议。根据授课教师、小组成员、学生反馈的意见进行修改。

3.最终定稿

实施完成后，根据实际情况对活动手册进行修改调整，最终定稿。

4.制定评价标准

各课程小组制定本课程的评价标准，一方面是学生的评价标准，另一方面是教学的评价标准。

5.全面实施

各课程小组把之前的经验加以总结后，再按照之前的研究流程进行第二课时的实施。

三、爱LOVE跨学科主题课程的开发与实施

（一）爱LOVE跨学科主题课程简介

我们以"以核心素养为本的郑州市实验小学课程体系建设与学校整体变革创新实验项目"为切入点，构建了"爱LOVE"特色课程体系。爱LOVE课程包含了七大子课程，分别是：爱健康、爱艺术、爱生活、爱阅读、爱写作、爱探究、爱创造。通过七大板块的课程，落实五育并举。其中"爱阅读"与"爱写作"板块、"爱探究"与"爱创造"板块是输入与输出关系，所以搭建课程框架时，把这样两组输入与输出关系的课程合并在一起，搭建出五大课程框架。每个课程框架的制定都遵循育人目标：爱己、爱人、爱世界、乐学、乐思、乐成长。"爱健康"课程分为"爱己""爱人""爱世界"三大板块，学习主题包括自我探索、学会学习、人际互动、团队融炼、价值选择和社会责任。"爱艺术"课程结合我国传统文化，设计了"吟诗词""赏戏曲""赏脊兽"三大板块，学习主题有诗之韵、诗之舞、趣谈戏曲、趣演戏曲和造型之美、寓意之美等。"爱生活"课程从学生"吃穿住行"生活四方面入手，开设爱的味道、吃出礼仪、爱的礼物、穿出风采、住出特色和亲近自然等系列学习主题。"爱阅读 爱写作"课程分为"启蒙""感知""成长"三大板块，从童谣、童话、寓言、神话、名著、小说出发，设计了我爱童谣、我爱童话、我爱寓言等学习主题。为激发学生对身边事物的深入探索，"爱探究 爱创造"课程开发出"我与学校""我与环境""我与社会"三大板块，并细分出我爱我班、我爱实小、爱水郑州、爱筑郑州、我爱我家等学习主题。

以下是五大系列课程介绍

1."爱阅读""爱写作"系列课程

"爱阅读""爱写作"系列课程属语言类课程，旨在培养学生爱国主义

感情、社会主义道德品质，逐步形成积极的人生态度和正确的价值观，提高文化品味和审美情趣，突出德育实效。通过阅读，学生会有较丰富的积累，形成良好的语感；通过阅读，学生会受到高尚情操与趣味的熏陶，发展个性，丰富自己的精神世界。能具体明确、文从字顺地表述自己的意思。能根据日常生活需要，运用常见的表达方式写作；具有日常口语交际的基本能力，学会倾听、表达与交流，初步学会文明地进行人际沟通和社会交往。

2."爱健康"系列课程

"爱健康"系列课程属健康类课程，旨在强化体育锻炼，培养学生身体、生理、心理等各方面素质的全面和谐发展。通过"爱健康"课程板块的学习，增强学生的体能，培养运动的兴趣和爱好，具备良好的心理品质，形成健康的生活方式和积极进取、乐观开朗的生活态度。

3."爱探究""爱创造"系列课程

"爱探究""爱创造"系列课程属自然探索及创新类课程，旨在培养学生的科学素养和创新精神，提升智育水平，逐渐养成科学的行为习惯和生活习惯。通过"爱探究""爱创造"课程板块的学习，知道与周围常见事物有关的浅显的科学知识；通过参与科学探究和综合实践活动，逐步学会科学地看问题、想问题，保持和发展对周围世界的好奇心与求知欲，形成大胆想象、尊重证据、敢于创新的科学态度。通过数学学习，获得基础知识、基本技能、基本思想、基本活动经验，体会数学知识、数学与其他学科、数学与生活之间的联系，运用数学的思维方式进行思考，增强发现和提出问题的能力、分析和解决问题的能力。

4."爱艺术"系列课程

"爱艺术"系列课程属美育类课程，旨在增强美育熏陶，培养学生艺术文化素养，丰富情感体验，陶冶高尚的情操。通过音乐类课程的学习，培养学生爱好音乐的情趣，发展音乐感受与鉴赏能力、表现能力和创造能力；通过学习美术欣赏，了解基本美术语言的表达方式方法，激发创造精神，发展美术实践能力，形成基本的美术素养，完善人格。

5."爱生活"系列课程

"爱生活"系列课程属参与体验类课程,旨在加强劳动教育,培养学生独立性、责任心、参与意识等方面的全面发展。从学生身边入手,发现生活中的美好,从而热爱生活。学习一些基本的生活技能并积极实践,具有初步的爱自己、爱他人的能力。通过亲近自然,感受祖国山河的魅力;通过了解各民族的风俗习惯,感受文化差异,增强民族自豪感;通过国外游学,接受异域文化氛围熏陶,提高独立自主能力;通过走进教室设置的各种场馆,了解古人的精神世界和物质生活,感受深厚的历史文化。在实践活动中,锻炼克服困难的意志,增强知识的应用意识,有创意的生活。积极组织开展课内外体验活动,对促进学生知行统一,丰富学生的精神生活和全面发展学生良好个性有着重要作用。

接下来本文将以"爱探究 爱创造""爱生活"和"爱艺术"课程作为样例,从课程设计、课程实施和课程成效三个方面,对爱 LOVE 主题跨学科课程进行详细说明。

(二)"爱探究 爱创造"——提升学生科学素养

1."爱探究 爱创造"课程设计

(1)课程目标

"爱探究 爱创造"课程从"我与学校""我与环境""我与社会"三方面入手,以生活情景中的问题为突破点,使学生在探究问题的过程中学会科学的方法和技能、科学的思维方式,形成科学观点和科学精神。具体目标如下:① 通过"我与学校"这一课程模块人际关系、劳动教育、班级文化、垃圾分类、噪声污染、校园美化等一系列活动的开展,帮助学生建立良好的人际关系、增强劳动意识、热爱班集体、增强校园环境保护的意识,从而建温馨班级,创和谐校园。② 通过"我与环境"这一课程模块西流湖、常庄水库、南水北调、二七纪念塔、CBD、西区四大中心等一系列活动的探究,提高学生科学探究与交流的能力,增强学生的家国情怀。③ 通过"我与社会"这一课程模块我爱我"家"家文化、家环境、家特色以及我爱郑州等一系列活动的探究,加深对所在社区以及郑州的了解,发展学生社会参与的能力(见表3-3)。

表3-3 "爱探究 爱创造"课程设置

课程模块	学习主题	学习活动	核心内容
我与学校	我爱我班	人际关系的建立 劳动工具的使用 班级文化墙设计	探究怎样和同学、老师建立良好的关系。 探究劳动工具有哪些及正确的使用方法;制定劳动工具使用制度。 探究文化墙的设计主题、内容、形式、作用
	我爱实小	实小垃圾分类 实小噪声污染 实小校园美化	提出问题,如"什么是垃圾分类?""为什么要实施垃圾分类?""如何进行实小垃圾分类?"分组收集证据;成果汇报。 提出问题,如"什么是噪声污染?""有什么危害?""怎样控制和减弱噪声污染?"分组收集证据;成果汇报。 提出问题,如"哪里需要美化?""怎样美化?""为什么要这样美化?"分组收集资料;成果汇报
我与环境	爱水郑州	郑州河流知多少 历史中的这里 拯救绿色郑州 这方水土我保护	1.了解河流所处的位置、流经的区域、河流周边重要的景观、建筑,对我市人们的作用 2.了解河流的以前的样貌,流经的区域,重要的历史事件及景观、建筑,对当时人们的影响 3.人们对河流的治理方法,河流发生的变化,未来河流对郑州人们的作用 4.了解生活用水情况,调查自家一个星期、一个月的用水量,讨论怎样可以节约用水,保护我们的水资源
	爱筑郑州	建筑历史 建筑文化 建筑特色	1.以郑州历史性地标性建筑为探究对象,自主选取感兴趣的最具特色的建筑,去探究其背后的历史人物,历史故事及历史事件,丰富学生的郑州情怀。 2.以我的学校建筑作为探究对象,探究学校建筑的文化内涵及发展理念,培养浓厚的校园情怀。 3.以身边的现代化地标性建筑为探究对象,探究身边的地标性建筑中前沿性的技术,功能及效用,造福社会,内化强烈的家国情怀
我与社会	我爱我"家"	家文化 家环境 家特色	1.了解所在社区、当地百姓姓氏的由来,了解村里的名人名事、村里的名物等 2.了解社区整体地理位置布局:有哪些道路、有几个单元都位于哪个位置、有哪些服务型机构(物业、超市、诊所、幼儿园、停车场等) 3.了解所在社区的特色活动

续表

课程模块	学习主题	学习活动	核心内容
	我爱郑州	这方热土这方人市内九区风情展我是小导游,带你"一日游"一座"火车拉来的城市"?	1.了解郑州的历史沿革,探究这座历史文化名城,以及一些历史名人在郑州发生的故事 2.了解郑州的九个市辖区,探究各辖区的总体规划以及发展情况 3.了解郑州的风景名胜,制定"郑州一日游"方案,以小导游的身份来介绍郑州的风景名胜,特产美食 4.了解郑州的交通运输体系现状和发展,通过探究证明郑州不再仅仅是一座"火车拉来的城市"

（2）课程编写逻辑

课程编写遵循学生的年龄特点。第一学段的综合实践活动侧重动手实践,探究类实践活动内容相对简单,易操作;第二学段的综合实践活动探究与动手实践并重,探究类活动的内容更综合、思考力加大。

课程内容编排符合育人目标,既帮助学生拥有爱的能力,又帮助学生提升思考能力。设计的内容贴近学生生活,符合学生、家长、老师的不同需求。既有学生感兴趣的生活技能,还有老师希望涉及的能力、态度的培养。

2."爱探究　爱创造"课程实施

以"我与环境"课程模块下"爱水郑州"学习主题为例进行详细说明。郑州地跨黄河、淮河两大流域,是我国北方地区水资源较为丰富的城市,有贾鲁河、金水河、熊儿河等,还有中小型水库,星罗棋布,共同构成了郑州市水系网络。因此根据区域资源开发了"爱水郑州"主题课程。在对四年级学生实施该主题课程时,我们设计了四个活动:

活动一:郑州河流知多少

教师先对金水河、熊儿河等学生熟悉的郑州水域进行了简单介绍,使得学生对郑州水域产生了深入了解的兴趣。接着通过谈话调查了学生对郑州水域的了解情况,发现大部分孩子能够说出郑州的一些湖泊、河流,并通过亲身到访的经历简单描述出水域的环境和自己的感受等。但对水域的历史背景、地理位置等情况都没有深入了解。教师通过出示各种资料卡片,使学生自主分析和归纳出深入了解一片水域应该调查的内容。于是学生小组讨论得出了一份郑州水域调查记录表,包括河流所处的地理位置、流经的区域、河流周边的景观、建筑等等。利用活动记录单学生顺利完成了相关资料的收集与整理。同时在探究过程中,学生体会到水域是城市的血液,也是城市的命脉,对我市人民有着极为重要的作用。

活动二:历史中的这里

教师以学生都非常熟悉的西流湖为例,通过呈现西流湖环境的今昔对比,引导学生了解它以前的样貌,并进一步挖掘它的历史变迁。基于此,学生对自己想要探究的郑州水域也进行了网上调查和实地考察。通过网上查阅资料,学生了解了河流以前的样貌,以及这里曾经发生过的历史事件。在班级交流与汇报活动中,学生分小组展示各自收集到的资料,讲述了河流相关的历史故事,感悟到了历史变迁与人文环境之美,同时表达能力也得到了很好的提升。各小组间观点和问题交织,碰撞出不同的思维火花。在实地走访中,学生亲自拍摄了水域的照片和视频,并对当地的老人进行了采访。孩子们还拿起画笔画出了他们观察到的景色,并创作了河流相关的景观画作,体现了独特的艺术创作力。通过让学生亲自感受水域的自然风光与当地的风土人情,对学生进行的视觉美、精神美等关于美的培养。

活动三:拯救绿色郑州

学生在对郑州水域收集资料过程中发现,郑州很多水域曾经被污染,有些经过治理恢复如初,有些依旧污浊。通过对多处水域的调查研究,学生深切体会到了人为污染对自然资源的破坏,激起了保护水资源的意识,并继续对郑州水域进行更为深入的探索。针对河流发生的变化,学生搜集了人们对河流的治理方法,并共同讨论出了保护水域资源的措施。在确保安全的情况下,学生亲自动手清理了河边的垃圾,并收集了河流污水准备进行初步水质净化。在教师的指导下,学生结合所学科学知识,利用沉淀、过滤等实验操作成功净化了污水。部分学生受到了启发,还尝试设计了污水净化装置,并在实验中不断改进。科学创新精神在这一活动中得到了培养。

活动四:这方水土我保护

探究后期学生从郑州水域资源转向到了日常生活中的水资源。生活中应该怎样做来保护珍贵的水资源,学生从身边出发,调查了自家一个星期、一个月的用水量,思考怎样可以节约用水,并在生活中通过多种途径进行节水。这一活动从实践育人方面对学生进行了德育,发挥学生的自主性,让他们成为家庭中的小主人,从生活细节方面节约用水。同时学生还对家庭中需要用水的家务活动进行了调查研究,根据不同的内容,进行多次实践,选择出了最合适的方法进行节水改进。在日常的生活中融入节约用水的理念,加强了学生生活实践,提升了劳动教育在家庭中发挥的作用。这项活动结束后,学生书写了保护水资源的倡议书,还亲手制作了珍惜水域资源的宣传标语,张贴在了小区公告栏中。

3."爱探究 爱创造"课程成效

(1)课程整合,培养学生高阶思维

在"爱探究 爱创造"课程的"爱水郑州"这一教学主题上,教师将语文、数学、科学、美术以及道德与法治等多学科知识进行了统一与整合,进而设计了"郑州河流知多少""历史中的这里""拯救绿色郑州""这方水土我保护"等四大活动内容。①在"郑州河流知多少"活动中,学生自主分析并归纳出探究河流信息的内容,包括地理位置、流经的区域以及周围的景观等,并且从收集资料过程中体会到了河流对我市的作用,科学与语文学科相互融合。②在"历史中的这里"活动中,学生介绍了河流以前的样貌和发生的相关历史事件,感悟到了历史人文之美;并且用语文学科获得的感受去看河流今日的美丽,作用于美术作品的创作。③在"拯救绿色郑州"活动中,学生利用沉淀、过滤等科学知识对污水进行了净化,并设计制作了污水净化装置,体现了科学创新精神。并且在这一活动中学生知道了水污染的严重性,树立起了保护水资源的环保意识。④在"这方水土我保护"活动中,学生从对郑州水域资源的研究转向对生活中水资源的研究。学生用数学收集数据和计算的方法,调查出自家一个月用水量,思考生活中节约用水的方法；又利用了语文学科交流、写作等特有的工具性，促进节约用水理念的内化，同时有效地促进学生的语文书面表达能力。在该课程实施过程中，学生进行了高水平的思维参与和投入，超越了表面的知识学习，从现成结论或标准答案的被动接受式学习，转向学会思考和怀疑的创生式学习，获得了丰富的学习体验，促进了学生个性化和多元化发展，培养了学生高阶思维能力（见表3-4）。

表3-4 "爱水郑州"课程设置

学习主题	学习活动	学科整合	课程内容
爱水郑州	郑州河流知多少	科学	了解河流所处的地理位置、流经区域、周边景观和建筑
		语文	通过探究体会河流对我市人们的影响和作用
	历史中的这里	语文	介绍河流以前的样貌和发生的相关历史事件
		美术	绘画河流现在的景色，创作河流景观画作
	拯救绿色郑州	科学	了解河流污染的治理方法，利用沉淀、过滤等科学实验操作尝试对污水进行水质净化
		道德与法治	了解水污染的坏处，树立保护水资源的意识
	这方水土我保护	数学	调查自家一个月用水量，思考生活中节约用水的方法
		语文	书写保护水资源的倡议书，制作宣传标语

（2）跨学科教学，促进学生深度学习

在"爱水郑州"主题跨学科课程教学中，由现场学习和拓展学习共同组合而成。学校选取了语文、数学、科学、美术和道德与法治科目的教师共同参与。为了方便教师们的教学，在课程整合之后，会列出每一学科教师的教学内容、课时、上课顺序等信息，形成教学设计表。各科教师在实施教学时关注到了各学科教学所涉及的知识点之间的联系。教师提供了必要的学习指导和任务驱动，支持学生开展有效学习。比如要深入了解郑州水域需要获取的信息，教师没有直接告诉学生，而是通过出示各种资料卡片，让学生自主提取信息，分析和归纳出要调查的内容，总结出郑州水域调查记录表。学生经常会用到探究学习、合作学习、体验学习，比如课上学生以小组研讨的方式进行交流，课下小组继续进行实地考察搜集资料等，这改变学生原有的学习方式，促进了学生深度学习。

（3）多元评价，提升学生综合素养

如表3-5所示，"爱水郑州"主题课程采用多元评价，由教师、同学以及学生自己共同来完成。不但对结果进行评价，同时对学习过程进行评价，做到定量评价和定性评价、形成性评价和终结性评价、对个人的评价和对小组的评价、自我评价和他人评价之间的良好结合。比如在进行污水处理实验探究的过程中，教师对学生的实验过程的参与设计了详细的评价标准，包括实验的具体操作、实验过程的观察与交流、实验后及时记录、实验完毕的整理器材等等。本课程中学生自己的评价内容有：全程参与小组活动；遵守组内公约，纪律观念强；调查活动有笔记；自己能够节约用水，并提醒他人节约用水；探究过程中的科学微电影作品呈现等（见图3-1）。这些评价可以较好体现学生对课程的热情与兴趣，他们在课程学习中的表现情况，合作态度、实践能力和创新意识。

图3-1 课后评价

表3-5 "爱水郑州"课程污水净化实验过程评价量表

内容	评价标准	总分
观察污水特征(5分)	写出污水的颜色、水中的物质、透明度(1分)	
	记录污水的气味(扇闻的方法)(1分)	
	与同学交流(1分)	
	实验中认真观察、小声交流(1分)	
	实验后及时整理器材(1分)	

续表

内容	评价标准	总分
过滤(5分)	正确组装器材(1分)	
	慢慢倒入污水,注意不要溢出(1分)	
	实验中认真观察、小声交流(1分)	
	实验后及时记录(1分)	
	实验后及时整理器材(1分)	
消毒(5分)	将杯子中的消毒水倒入过滤后的污水中(1分)	
	用搅拌棒轻轻搅拌(1分)	
	实验中认真观察、小声交流(1分)	
	实验后及时记录(1分)	
	实验完毕及时整理器材(1分)	

另外,对于学生学习成果的评价的呈现形式分为三大类:文字类作品,保护水资源的倡议书、珍惜水域资源的宣传标语;美术类作品,河流相关的景观画作;课堂展示,河流历史故事、小组汇报等。科技作品,污水净化小装置。教师还设计并组织了主题展示活动,通过作品展示、经验分享等方式,对学生的学习成果作出总结性评价。这种多元评价的方式关注到了学生综合素养的提升,促进了学生全面发展。

(三)"爱生活"课程:让学生在生活中学习、爱上生活

1."爱生活"课程设计

(1)课程目标

总目标:

从吃穿住行四方面入手,发现生活中的美好,从而热爱生活。学习一些基本的生活技能并积极实践,具有初步的爱自己、爱他人的能力。在实践活动中,锻炼克服困难的意志,增强知识的应用意识,有创意的生活。

具体目标:

①通过"吃"这一课程模块的学习,了解中国以及部分亚洲国家传统节日——春节的来历、习俗以及春节特色食物的意义,会做这些食物并且有创新;了解相关知识及餐桌礼仪。

②通过"穿"这一课程模块的学习,学习穿搭技巧,提升审美水平,增强动手能力。

③通过"住"这一课程模块的学习,学习一些做家务的方法并积极实践,让自己的生活环境更舒适;调查世界各地的特色民居的风格,扩大自己的兴趣面。

④通过"行"这一课程模块的学习,体会科技让出行更加方便,用镜头记录大自然的美,用自己的语言描述大自然的美。

(2)"爱生活"课程主要内容(见表3-6)

表3-6 "爱生活"课程内容

课程模块	学习单元	学习主题与活动
吃	爱的味道	一年级:春节特色饮食:饺子 二年级:春节特色饮食:元宵 三年级:春节特色饮食:年糕 四年级:春节特色饮食:捞鱼生 五年级:美食还需美器盛
	"吃"出礼仪	六年级:春节期间的餐桌礼仪
穿	爱的礼物	一年级:自己的事情自己做:学洗小衣物 二年级:给你一个惊喜:手绘文化衫 三年级:妈妈我爱你:做发卡
	穿出风采	四年级:色彩搭配 五年级:服装搭配 六年级:服装的演变
住	我爱我家	一年级:家务小能手:整理书桌 二年级:家务小能手:学刷碗 三年级:家务小能手:整理房间 四年级:家务小能手:装扮房间 五年级:社区小主人:垃圾分类
	住出特色	六年级:特色民居
行	亲近自然	一年级:认识自己周边的环境 二年级:会用工具找路线 三年级:摄影技巧 四年级:多彩的四季 五年级:我带爸妈去旅游
	家乡情怀	六年级:我是小小推介师

2."爱生活"在研、教、思、行中的探索

"爱LOVE课程"研发小组中的"爱生活"团队在课程实施中，进行了研、教、思、行的模式。下面将以"爱的味道——春节特色美食"一课为例来进行说明。

（1）"爱的味道——春节特色美食元宵与汤圆"的制作

爱生活教研组在对校本教材和学情调研后，在集体备课和研课中将"爱的味道——春节特色美食元宵与汤圆"作为第一课时，主要内容为：通过课前预习提示单，自己尝试制作元宵，并留存图文资料。

课上老师引领着学生对课前制作元宵和汤圆的经验进行交流，同学们热情高涨地聊着自己亲手制作元宵的过程。由于孩子们第一次制作时，有的成功了，有的没成功。老师和同学们一起总结了制作失败的原因；接着又让制作成功的学生，介绍自己的经验与窍门。通过观看视频和老师总结，同学们更加明确了元宵、汤圆的制作方法和注意事项。

作为"爱生活——吃"部分的第一课时，学生经历了课前对知识的了解与实践，知道了元宵和汤圆的制作方法，通过课堂上的经验介绍与答疑，让孩子们对制作方法有了更明确的认识。同时老师提出了下一个话题，孩子们你们知道汤圆和元宵有什么不同吗？引发孩子深思，并引导孩子探索不用的方法，给孩子们探索指导单。

课后，孩子们会带着问题走进第二次制作与探索中。这样的整合课程，不仅能让孩子们动手动脑，更重要的是让孩子们发现"生活"的美好与乐趣，激发对生活的热爱。

（2）在制作中发现问题

在第二课时中，我们以交流和分享的形式进行：说说"汤圆和元宵"。在讨论过程中，老师引领学生以"我找到的相同点/不同点是_____，我的收集途径是_____"这样的句式进行交流，针对性强，重点突出。

同学们对课下采用的学习方法进行归纳，梳理出：文献资料法、访谈法、观察法、实验研究法、问卷调查法等。同时，总结了元宵和汤圆的相同点：形状相同，寓意相同；不同点：做法、材料、保存、地域。

最后，老师对孩子们总结出的研究方法进行了总结，并抓住时机进行爱的感恩教育，引导孩子把自己亲手做的汤圆送给自己最想送的人，从语言转化为接下来的行动，表达对家人浓浓的爱。在观看创意汤圆的视频中，建议制作创意汤圆表达自己不一样的心意。孩子动手创作的激情被再一次触动，孩子们纷纷表示继续研究的愿望。

课后，老师和孩子们都填写了评价量表，收集后爱生活组的老师在一起研讨，课的实施与效果，并调整了课堂的重点。

（3）用视频记录自己的成长

第三课时，我们从文化和动手实践板块将重心转移到表达和信息技术的运用，让孩子们记录自己的"中国味道——视频制作"。课前，孩子们回顾了元宵、汤圆的背景，了解自制过程、创意体现等。老师借助优秀视频《舌尖上的中国》引导学生借助饮食文化，拍出有特色的视频。老师又提出假如这个视频是拍给和我们同龄的外国小朋友，又该注意些什么呢？孩子们纷纷发表自己的观点：要介绍中国传统文化、要配上英语、制作步骤要清晰、视频要有中国特色等。

最后在技术支持环节，孩子通过纠错美化的方式，找出案例视频中的问题，提出了背景音乐、画面清晰度、镜头关注点、趣味设计、视频剪辑、内容与主题、图片与视频的结合等一些实质性的技术问题。不知不觉对制作视频的目的、方法、重点、技术有了更全面的了解与学习。

通过这节课，孩子们不仅对视频制作兴致勃勃、跃跃欲试，还切切实实掌握了不少制作较高水准视频的具体方法，明白小组合作完成的必要性，接下来他们将分工合作拍摄属于自己小组的美食视频。

（4）在交流中成长

第四次课程"元宵节视频制作分享会"开始了。首先，四人小组进行交流，说一说自己在策划、制作视频中的困惑和收获。接下来各小组开始了作品的展示交流，有的视频开头引人入胜，有的画面清晰分辨率高，有的背景音乐喜庆有气氛，有的解说幽默风趣，从各个方面展示出了元宵制作的方法、步骤以及元宵节的来历和习俗。

学生们看得津津有味,在自评互评后,老师引导孩子找出各组视频的优点,提出合理优化可行的建议,直观地解决了孩子们对于视频制作的困惑,重点解决了如何提高清晰度的问题。随着学生们一个个完成课堂评价量表,结束了他们难忘的"爱的味道——春节特色美食"课程(见表3-7、3-8)。

表3-7　第一课时:制作元宵和汤圆
——学生课堂评价量表

活动一: 元宵节的习俗	1.我能说出元宵节的具体时间,还能清楚地叙述出元宵节习俗。(2-3颗星) 2.我只能说出元宵节的具体时间(1颗星)	☆ ☆ ☆
活动二: 元宵节的来历	1.我知道元宵节的来历,而且我还能讲给大家听。(2-3颗星) 2.我只知道了元宵节的来历,但是做不到有条理地讲解。(1颗星)	☆ ☆ ☆
活动三: 交流元宵和汤圆的做法	1.我能把自己成功(或失败)的经验进行分享,并且能与大家进行交流和讨论,找到解决问题的方法。(2-3颗星) 2.我能把自己成功(或失败)的经验进行分享,也能与大家进行交流和讨论,但没有找到解决问题的方法。(1颗星)	☆ ☆ ☆
四:课堂表现	1.我能上课认真听讲,积极思考、勇于发言并善于合作。(2-3颗星) 2.我能上课认真听讲,但不能做到积极思考和善于合作。(1颗星)	☆ ☆ ☆
合计	这节课我一共收获了_____颗星。	

表3-8　第二课时:说说元宵和汤圆
——学生课堂评价量表

活动一: 观看视频,说感受	1.我能清楚叙述出元宵和汤圆的全部制作过程。(2-3颗星) 2.我只能说出元宵和汤圆制作的某个细节(1颗星)	☆　☆　☆
活动二: 元宵汤圆的异同	1.我知道元宵和汤圆的不同,而且我还能讲给大家听。(2-3颗星) 2.我只知道了元宵和汤圆各自的特点,做不到对比异同。(1颗星)	☆　☆　☆
活动三: 表达爱	1.我能把自己做汤圆(或元宵)送给我爱的人,并能大胆表达我对他们的爱。(2-3颗星) 2.我能把自己做汤圆(或元宵)送给我爱的人,但没有大胆表达我对他们的爱。(1颗星)	☆　☆　☆
四:课堂表现	1.我能上课认真听讲,积极思考,勇于发言并善于合作。(2-3颗星) 2.我能上课认真听讲,但不能做到积极思考和善于合作。(1颗星)	☆　☆　☆
合计	这节课我一共收获了_____颗星。	

(5)大胆质疑,敢于实验

所有学习小组对自己制作、学习、拍摄留存的一手资料进行了整理。在整理中大家提出:为什么汤圆和元宵都用糯米粉? 有没有替代食材? 有了质疑就要开始研究,在老师的带领下学生们提出来一些大胆的猜想,糯米粉营养价值高? 糯米粉黏性大易成型? 对于这些猜想研究小组选择其中一个猜想—糯米粉的黏性大,进行了科学的探究。

讨论交流

同学们积极讨论

研究小组一起讨论研究糯米粉黏性的方法:

猜想一:是否可以加水来判断?

猜想二:用火烧是否可以判断糯米粉黏性的大小?

准备阶段

准备:面粉(糯米粉、高粱面、玉米面、黄豆面、小米面、小麦粉)

科学器材：烧杯、滴管、量杯、药匙

研究方法：实验法

实验阶段

方法一：常温水溶解

首先用水搅拌均匀，等待沉淀

然后倒掉多余的水，用手摸一摸

方法二：酒精灯加热

首先用酒精灯加热，等待冷却

然后用手摸一摸，再闻一闻

实验总结

经过实验研究孩子们发现，作为中华美食的汤圆和元宵经过长久的演变，最终选择糯米粉作为主材料，是因为糯米粉的黏性比较大、拉伸性比较好、口感好。生活中处处有科学知识，愿我们从平凡小事的细致观察中做起，从探究身边的问题着手，科学知识就在我们身边。

随着一份份图文资料的汇总，"春节特色美食"画上了圆满的句号。课程设计的内容既有学生亲自动手做元宵、汤圆等有关劳动教育的内容，又有针对传统节日的调查研究以及视频制作方面的涉及，还有学生针对所学内容产生了一些思考，并根据思考进行研究性学习的探究，实现了跨学科知识的整合。

3."爱生活"课程效果

随着课程的进展和量表的收集反馈，我们发现学生有了以下变化：一是学生对"爱生活"课程充满了兴趣，既收获了知识与技能，又学会了研究学习的方法；二是对生活更加热爱，体现在更乐于自己动手制作食物、物品，更积极参与到劳动之中；三是动手能力、实践能力和学习能力有所提升。

而我们的老师也有着变化：一方面，他仍对跨学科研究的课程的敏锐性增强，在课程中潜移默化地进行着课程的整合，更加注重学科知识的运用；另一方面，教师的教育理念在一步步提升，对学生的核心素养有更强的认同感。

当然在课程中我们也发现了自己存在的不足,例如:课程时间与课程效果如何保障,如何进一步扎实有效等,但在探索的路上我们相信,精心播下一颗种子,并持续浇灌,终将会有收获,方法可以迁移。孩子们会以这一课的学习方法为契机,综合运用各个学科知识,积极探索,受益终身。

(四)"爱艺术"——热爱传统文化　丰富艺术体验

翻看"爱艺术"系列课程建构框架,回想课程实施到现在,已经凝聚了太多太多课程设计小组成员的心血。我们想做一个跨学科的主题活动课程,但纵观国家课程,音乐和美术是分割开的。我们想引导学生在学习国家课程的同时,也学习中国的传统文化,非遗文化,从而运化于心。

1."爱艺术"课程设计

(1)课程目标

总目标:

从中国传统文化和非遗文化入手,了解优秀的民族、民间文化艺术遗产,从而学习传统艺术技能,丰富学生的艺术体验,激发学生对传统文化的喜爱,增强民族自豪感,养成尊重世界多元文化的态度。

具体目标:

通过"吟诗词"这一模块的学习,了解中国古诗词文化,通过听读诗词、吟唱诗曲、书画诗句,表演诗歌,培养和提高学生的欣赏能力、表现能力和审美能力,感受中国诗词文化的魅力,激发学生诗词创作的乐趣。

通过"赏戏曲"这一模块的学习,认识和了解中国传统文化——戏曲,并通过艺术实践——模唱、模奏、表演、绘制脸谱、戏服等道具,体验戏曲艺术的博大精深,激发学生学习戏曲艺术的兴趣,感受戏曲文化的魅力,传承戏曲文化。

通过认识、了解中国建筑雕塑艺术——"脊兽"的造型特点和美好寓意,激发学生的学习兴趣,感受中国古代雕塑文化的魅力。通过对脊兽的制作和学习,体验古代脊兽的造型方法,提高学生的美术表现能力和审美判断能力，体验造型乐趣，传承和发扬中国古代建筑雕塑艺术。运用身边的废旧材料，制作脊兽，变废为宝，培养学生的环保意识和创新意识。

（2）课程内容（见表3-9）

表3-9 "吟诗词"课程内容

课程模块	学习单元	学习主题与活动	核心内容
吟诗词	诗之韵	1-2：读诗词、听诗曲、描诗境 1-2：唱诗曲、奏诗律、书诗句	了解中国诗词起源，听读诗词，用线描的方法描绘出诗意；吟唱诗曲、弹奏诗律，用书法的方式写出诗句
	诗之舞	1-2：舞诗韵、创诗句、画诗意	用舞蹈的形式表演诗词，创作简单的诗句，用国画的形式画出诗的意境
赏戏曲	趣谈戏曲	3-4：听戏曲、画脸谱、仿身段 3-4：赏戏曲、做脸谱、学唱腔	听赏戏曲，了解背景故事；绘制脸谱，了解不同脸谱代表的人物性格特点；伴随戏曲乐段进行简单的动作模仿，学习简单的戏曲唱腔
	趣演戏曲	3-4：做戏服、唱戏曲、演戏曲	利用废旧材质，制作戏服等道具；表演戏曲乐段，体验不同的戏曲人物特点
赏"脊兽"	造型之美	5-6：了解脊兽的造型特点和色彩特点，感受脊兽的造型之美	欣赏脊兽，了解不同脊兽的造型特点和色彩。勾画脊兽的造型特征
	寓意之美	5-6：了解脊兽的文化、寓意。	了解脊兽的起源和不同脊兽的故事、寓意。激发学生对传统建筑文化的喜爱，增强民族自豪感、文化自信

（3）课程编写逻辑

课程编写遵循学生的年龄特点。低、中学段的探究实践活动侧重兴趣与体验，内容选择方面相对简单、易操作；高学段的综合实践活动探究与动手实践并重，探究类活动的内容更综合，从多个方面培养孩子的想象力，创造力等。

课程内容编排符合学校的育人目标，既帮助学生拥有爱的能力，又帮助学生提升思考能力和创造能力。设计的内容围绕中国传统文化，符合学生和社会的不同需求。既能提升学生对中国传统文化艺术的了解和掌握，也起到了对传统艺术的传承和推广作用。

2."爱艺术"课程实施

以"吟诗词"课程模块下"诗词我来赏"学习主题为例进行详细说明。

古诗是我国传统文化的精粹,经过千百年的沉淀,流传下来的能够选入小学课本里的古诗更是精华中的精华,可谓字字珠玑。它是中华文化的一部分,是学生近距离接触、感受中华文化的一个窗口。它是激发学生对祖国传统文化的热爱的一个切入点。理想的古诗教学,不应该是学生学习此首古诗的终点,而应该是学生阅读大量古诗进而接触、热爱中国传统文化的起点。

在对学生实施该主题课程时,我们设计了以下几个活动:

(1)课前任务清单

活动一:对中国唐诗宋词有哪些了解?(第二组)

活动二:搜集了解中国音乐历史的渊源,了解诗词与音乐之间的联系。(第一组)

活动三:你对汉乐府有什么了解?(第三组)

活动四:你看过电视节目《经典咏流传》吗? 这个节目中是把唐诗宋词用音乐的形式表现出来了,你一定会喜欢的。请选择一到两首你喜欢的唱一唱吧? 并说出你喜欢的原因。(全班)

活动五:听一听《汉乐府·江南》两个不同的版本,选择你喜欢的版本并写出你喜欢的理由。(全班)

课前先把学生分组,把课前任务清单发放给学生,让学生课前搜集资料,为课堂做好充足准备。

(2)课堂任务呈现

学生分组呈现课前搜集任务内容。紧接着教师引导学生赏析汉乐府《江南》。

《江南》是一首汉代乐府诗。这是一首歌唱江南劳动人民采莲时愉快情景的民歌。前三句点明采莲季节、场合,地点;后四句描述鱼儿嬉戏的场景。全诗使用比喻和反复的修辞手法,写出了江南采莲时的优美意境。

赏析:这是一首采莲歌,反映了采莲时的光景和采莲人欢乐的心情。

在汉乐府民歌中具有独特的风味。

民歌以简洁明快的语言,回旋反复的音调,优美隽永的意境,清新明快的格调,勾勒了一幅明丽美妙的图画。一望无际的碧绿的荷叶,莲叶下自由自在、欢快戏耍的鱼儿,还有那水上划破荷塘的小船上采莲的壮男俊女的欢声笑语,悦耳的歌喉,多么秀丽的江南风光!多么宁静而又生动的场景!从文化学的角度,我们又会发现这是一首情歌,它隐含着青年男女相互嬉戏,追逐爱情的意思。你看那些鱼儿,在莲叶之间游来躲去,叫人怎能不想起北方的"大姑娘走进青纱帐"?

读完此诗,仿佛一股夏日的清新迎面扑来,想着就令人觉得清爽。还不止于此,我们感受着诗人那种安宁恬静的情怀的同时,自己的心情也随着变得轻松起来。

诗中没有一字是写人的,但是我们又仿佛如闻其声,如见其人,如临其境,感受到了一股勃勃生机的青春与活力,领略到了采莲人内心的欢乐和青年男女之间的欢愉和甜蜜。这就是这首民歌不朽的魅力所在。欣赏汉乐府《江南》这首歌曲的情绪是怎样的?这是一首几拍子的歌曲?你从音乐中能感受到什么样的画面?(见表3-10)学生通过课前搜集资料,课中交流分享,课后评价量化,把课程内容深深地印刻在心中。

表3-10 "江南"课后评价

活动一: 中国古诗词	1. 通过这节课的学习,我对中国古诗词有了更深的了解。(2~3颗星) 2. 我对中国古诗词还停留在之前的认识。(1颗星)	
活动二: 诗词与音乐的联系	1. 我知道诗词与音乐的联系,而且我还能讲给大家听。(2~3颗星) 2. 我只知道了诗词与音乐的联系,但是做不到有条理地讲解。(1颗星)	
活动三: 汉乐府的了解	1. 我了解汉乐府诗专门管理乐舞演唱教习的机构,并能与大家交流讨论。(2~3颗星) 2. 我知道了汉乐府,但是做不到讲解。(1颗星)	
活动四: 观看《经典咏流传》节目收获	1. 我能选择其中1~2首作品并演唱。(2~3颗星) 2. 我只能说出其中的作品,但是不能演唱。(1颗星)	

续表

活动五： 欣赏《江南》	1.我能选择喜欢的版本演唱喜欢的乐句并说出理由。(2~3 颗星) 2.我欣赏了不同版本的《江南》，但说不出他们之间的区别。(1 颗星)	
合计	这节课我一共收获了_____颗星	

3."爱艺术"课程成效

（1）跨学科整合，拓宽艺术视野

爱艺术系列课程是国家课程美术与音乐的结合，在确定最终版本的爱艺术系列课程之前，我们已经大量查阅资料，小组研讨很多系列课程。但考虑到学生的学段特点，心理年龄特点以及可操作性，最终确立"吟诗词""赏戏曲""赏脊兽"三大课程模块，每一课程模块都将音乐与美术学科分学段有效结合。不仅丰富学生的艺术体验，激发学生对传统文化的喜爱，而且拓宽学生的艺术视野，更深刻了解热爱我国的民族民间艺术。

（2）多元化评价，提升艺术素养

"诗词我来赏"主题课程采用多元评价，在自评、师评同时又做得到分级评价。比如活动一，通过课前让学生大量查阅资料搜集了解中国古诗词，课后让学生自评："1.通过这节课的学习，我对中国古诗词有了更深的了解。(2~3 颗星)2.我对中国古诗词还停留在之前的认识。(1 颗星)。"每一项活动都是这样科学有效地制定评价细则，把评价量化，不是泛泛而评。学生真正做到了学有所获。通过这节课的学习，学生对中国古诗词、诗词与音乐的联系、汉乐府的了解等各方面知识掌握得更深刻。学生的音乐素养得到明显提升，学生课前求知欲满满，课中体验到收获的快乐，课后会更乐于积极主动地参与音乐学习活动。

（五）其他课程

1."爱健康"课程——促进学生体魄强健

课程模块分别是：爱己、爱人、爱世界。课程具体目标以学生发展为根本，遵循学生身心发展规律。通过做游戏、表演、绘画、实践学习等体验式学习的方式，让学生通过亲身经历，充分感受和体悟自己的世界、他人的世界、心中的世界、身边的世界。使自己与外界环境形成积极互动，彼此融入，交互作用，这既是一个体验过程，也是一个学习过程，更是一个适应的过程。课程充分发挥和调动学生的主体性，引导学生积极主动关注心理健康、培养他们良好的心理素质，促进其身心全面和谐发展。

课程编写以学生发展为根本，遵循学生身心发展规律。通过做游戏、表演、绘画、实践学习等体验式学习的方式，让学生通过亲身经历，充分感受和体悟自己的世界、他人的世界、心中的世界、身边的世界。使自己与外界环境形成积极互动，彼此融入，交互作用，这既是一个体验过程，也是一个学习过程，更是一个适应的过程。课程充分发挥和调动学生的主体性，引导学生积极主动关注心理健康、培养他们良好的心理素质，促进其身心全面和谐发展。

2."爱阅读 爱写作"课程——提高学生文学素养

"爱阅读""爱写作"系列课程引导学生在阅读中认识中华文化的丰厚博大，培植热爱祖国语言文字的情感，汲取民族文化智慧。关心当代文化生活，尊重多样文化，吸收人类优秀文化的营养，提高文化品位。在阅读中注重情感体验，发展感受和理解能力。能初步鉴赏文学作品，丰富自己的精神世界。有较为丰富的积累和良好的语感，能借助工具书阅读浅易文言文。背诵优秀诗文。6年课外阅读总量应在150万字以上，能具体明确、文从字顺地表述自己的意思。能根据日常生活需要，运用常见的表达方式写作。具有日常口语交际的基本能力，学会倾听、表达与交流，初步学会文明地进行人际沟通和社会交往。

"爱阅读""爱写作"课程通过上好读物推荐课、读书方法指导课、读后叙述课、交流评论课、读书笔记辅导课等课型激发学生的阅读兴趣，指导读书方法，达到开阔学生视野，丰富学生知识，陶冶学生的情操的效果。依托阅读体验实现写作主题化，依据写作能力实现写作逐级进阶的梯度。"爱写作"课程是课内与课外的融合，是学校、教师、学生、家庭、社会共同参与的活动过程,孩子在系列专题学习活动中通过观察、辨识、分析、比较、归纳和概括的思维活动,提高写作能力,在活动中逐步树立正确的人生观、世界观和价值观。为实现"爱己、爱人、爱世界;乐学、乐思、乐成长"的育人目标发挥重要作用。重视评价。反馈评价对于促进有效的学习过程和达成,阅读目标发挥着导向性的作用。为了保证阅读质量,使学生长期保持对课外阅读的兴趣,就要对学生的课外阅读进行评价。对小学生课外阅读的评价必须根据阅读的自主和差异性特点,将鼓励自主、注重习惯、呵护收获,作为有效评价的核心理念。

四、跨学科课程助我们跨越式成长

随着课题组一次次的汇报和总结,各个课程组的老师完成了一节节整合的跨学科课程,老师们在交流中进行着跨学科教研和备课,学校成了一个备课组。跨学科让我们发生着以下改变。

(一)真学习、真合作、真动手、真进步在学生中产生

学生在学习中感受这各个学科的组合之美,逐渐体会到知识之间的紧密联系。发现在解决问题时需要的是综合能力,老师的指导、学习方法的掌握、团队之间的分工合作在学习中是多么重要。正是在跨学科课程中,孩子们发挥出自己的兴趣和特长,让他们在持续的课程研究中,发生着真学习、真思考、真动手,也在师生合作中成长着,快乐着。

(二)借助专家的指引,教师的综合研究能力在提升

相信在跨学科课程中的研究与推进中,最累的当数老师,进步最快的也是老师。在每一次的教研中,老师们都提前接受专家的建议和指导,在指导下,进行教研和备课。分工中每个老师都在不断学习,大团队集体备课,让教师在交流中又不断得到大家的智慧,每次都收获满满。几轮课程下来,教师的综合研究能力提升了,教育理念也不断更新,对学生的核心素养有更强的认同感。对跨学科课程的敏锐度增强,在课程中主动进行着课程的整合。

(三)跨学科课程让我们校园更有爱

在跨学科课程的实施过程中,学生实践活动更多了,教师学生的交流更多了,我们的展示和反馈更多了。我们的课程效果也在校内校外得到了认可,家长对我们的爱的课程很支持,很欢迎。在实施的过程中学生、教师分工协作,共同成长。爱的教育在手把手、肩并肩中传播开来。

第四章　以爱塑能：
　　　　落实"LOVE课堂"形态

作为教师，课堂应该是我们的主阵地，也是我们事业深耕的主题。关于课堂，可以用生态系统的概念来理解，虽不完全贴切，但课堂就像生态系统一般，的确是一个系统，学生、老师、学习任务、各种教学资源等按照一定的规则组成了一个相互作用、相互依赖的有机整体。这个整体中各要素经过组织，在特定时空，相互作用表现出来的动态过程，就是课堂形态。课堂形态也可理解为从不同的教学理论衍生出来课堂模式。

一、"LOVE课堂"形态的提出与内涵阐述

（一）"LOVE课堂"形态的提出

1.基于对课程的全面调研

华南师范大学左璜教授用座谈、问卷调查等方式对学校课程实然和应然状态进行调研。通过调研形成初步的课程建设目标和结构。

从课程设计的诊断结果来看（见图4-1），发现有26%的教师希望课程更贴近生活实际，有22%的教师希望课程中能设置多一些实验或实践的机会。总而言之，设计的课程应该贴近学生的生活。

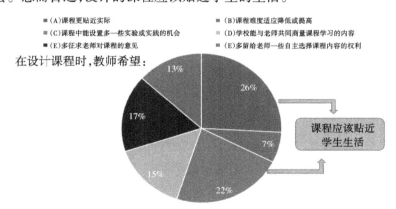

图4-1　课程设计的诊断结果

从学生学习能力的诊断结果可以得出（见图4–2）：

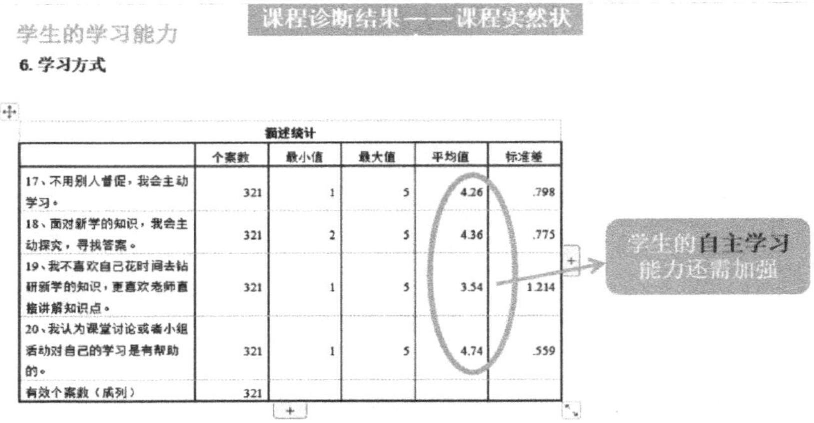
课程诊断结果——课程实然状

学生的学习能力

6. 学习方式

描述统计

	个案数	最小值	最大值	平均值	标准差
17、不用别人督促，我会主动学习。	321	1	5	4.26	.798
18、面对新学的知识，我会主动探究，寻找答案。	321	2	5	4.36	.775
19、我不喜欢自己花时间去钻研新学的知识，更喜欢老师直接讲解知识点。	321	1	5	3.54	1.214
20、我认为课堂讨论或者小组活动对自己的学习是有帮助的。	321	1	5	4.74	.559
有效个案数（成列）	321				

图4–2　学生学习能力的诊断结果

首先，数据平均值3.54反映出70.8%的学生不喜欢自己花时间去钻研新知，更喜欢老师直接讲解知识点，数据标准差1.214反映出学生对新知的学习方式方法上差别较大。

其次，数据平均值4.74反映出94.8%的学生认为课堂讨论或小组活动对自己的学习有帮助。

最后，值得注意的是，数据标准差0.798、0.775表明学生主动学习、主动探究方面差别较大。

综合以上分析，从整体上来看，学生的学习方式上存在的问题是自主学习的能力还需要加强。

2. 基于中国学生发展核心素养

中国学生发展核心素养致力于回答培养什么样的人。6大素养树立学生成长“标杆”，具体细化为国家认同等18个基本要点（见图4–3）。各素养之间相互联系、互相补充、相互促进，在不同情境中整体发挥作用。把学生发展核心素养融入课程中，需要通过学科核心素养的落实，而课堂教学是培养核心素养的重要途径。所以教师的课堂教学要基于核心素养进行教学，引导学生“学会学习”。那么素养导向的课堂教学组织形式要以核心素养为基础,评价要以素养为维度,活动要以素养为主线,目标以素养为总目标,教师的教学行为要指向学生素养发展,引导学生"学会"。总而言之,核心素养指导、引领、辐射学科教学,彰显学科教学的育人价值。

图4-3 中国学生发展核心素养

3.基于爱的教育理论基础

20世纪末,美国社会学、心理学家弗洛姆的爱的理论中爱的四要素[①]——认识、关心、尊重、责任,这四个要素是相互依存,缺一不可的,它们共同构成了成熟的爱,只有具备这四种态度的人才能从创造的角度发展自身的潜能,才能拥有真正的爱,也就是说这四个要素构成了爱的教育方式的内涵以及爱的教育目标。

孟繁华老师主编的《赏识你的学生》一书写道:"教书育人是一门艺术,教师的魅力在于睿智,教师的伟大在于宽容,教师真正的力量不完全是知识的权威,而在于关爱。"[②]教师应从关爱入手,发现学生的美,从而实现教育的目的。

基于对课程的全面调研、中国学生发展核心素养、弗洛姆爱的理论基础,结合"用爱的方式去培养人"的教育观、"德智共生"的课程观、"让学生

---

① 艾丽希·弗洛姆.爱的艺术[M].上海:上海译文出版社,2008.

② 孟繁华.赏识你的学生[M]. 海口:海南出版社,1900.

德智共生，使学生爱己爱人爱世界，过上幸福完整生活"的学生观，用爱的教育方法，形成"Living（生活情景导入）——Operating（操作与实践）——Varying（变式学习）——Exploring（探索应用）课堂"形态（简称"LOVE课堂"形态）（见图4-4）。

图4-4 "LOVE"课堂形态

（二）"LOVE课堂"形态的内涵阐述

1."LOVE课堂"形态的内涵

"LOVE课堂"形态的四要素："生活情景导入（Living）""操作与实践（Operating）""变式学习（Varying）""探索应用（Exploring）"。

"生活情景导入（Living）"：情景是学生核心素养培育的途径和方法，是核心素养实现的现实基础。要努力创设与生活紧密联系的、适宜的、真实发生的、能解决生活中的真问题的生活情景，促进学生积极参与。陶行知曾说过"教育即生活"，生活化是教学的原动力，如果让学生获得理性知识的同时能够搭建与其生活联系的桥梁，那么学生通过知识的习得，激发情趣，进行审美活动，会产生轻松、愉悦的心理体验。如果学生在学校学到的知识与现实生活建立不起联系，那么很重要的原因就是，学校教学活动所应依存的情景缺失。

"操作与实践（Operating）"：操作活动是课堂教学过程中一个重要环节。在学习活动中操作方法要恰当，操作过程要有序，感知的对象要突出，同时注意发挥语言功能，充分调动学生的多种感官，在教学中尽可能地安排学具操作，尽可能地让学生动手摆一摆、拼一拼、量一量，在做一做、看一看、想一想、说一说的活动中，自主探究、模拟体验、小组合作，亲身体验，理解新知识，从而提高操作能力。

"变式学习（Varying）"：在核心素养的指引下，教师的教、学生的学也在不断地改进、创新。教学不应局限于一个狭窄地课本知识领域里，应该是学生对知识和技能初步理解与掌握后，能进一步地深化和熟练，能运用课本上的知识举一反三。所谓"变式"主要是对问题进行变通推广，让学生能在不同角度、不同层次、不同情形、不同背景下重新认识问题本质，最终促使学生进行深度学习。

"探索应用（Exploring）"：给予充分的时间和空间鼓励学生寻求答案，在体验、实践和创造中发挥想象力，在搜集、查找的过程中培养学生研究未知的探索和创新精神，并将所学到的知识应用到实际生活中。

2."LOVE课堂"形态遵循灵活性、整体性原则

（1）灵活性原则

"LOVE课堂"形态的四个元素"生活情景导入（Living）""操作与实践（Operating）""变式学习（Varying）""探索应用（Exploring）"是灵动的，在课堂教学时没有先后顺序，可以从"生活情景导入"开始到"探索应用"结束，也可以从"操作与实践"开始到"生活情境导入"结束，也就是课堂教学可以根据学科特点和教学内容，从任何一个元素开始，也可以从任何一个元素结束，具有灵活性。

（2）整体性原则

"LOVE课堂"形态四要素的整体性，即教学过程必须协调好"生活情境导入""操作与实践""变式学习""探索应用"四要素之间的关系，以产生良好的整体作用。各学科教学时要以真实的、合理的生活情境导入,让学生感受知识与生活的密切联系,激发兴趣,可以在课前五分钟落实,也可以在"操作与实践"或"变式学习"或"探索应用"要素落实时体现,也可以同时贯穿整节课,落实每一个要素时都有体现;"操作与实践"鼓励学生在动手、动脑、动口的操作活动中体验,在实践中积累活动经验,可以单独落实,也可以在"变式学习"或"探索应用"中落实;"变式学习"可以改变传统的教学方式,用一个或两个核心问题驱动学生自主探究或小组合作,在落实"操作与实践"要素的同时也在落实"变式学习","变式学习"也可以改变练习题目中的非本质属性,举一反三,帮助学生巩固新知,灵活掌握;"探索应用"引导学生在一定的空间和时间内探究,综合应用所学知识,学生更多的自主探究或合作本身就是"变式学习"。总而言之,这些要素之间存在着内在联系,它们必然通过一定的联结方式协同作用,构成一个完整的课堂教学。这就要求教师要熟练运用各种教学手段,了解学生,精通教材,善于处理好"LOVE课堂"形态四要素之间的关系。

二、"LOVE课堂"形态的学科教学实践

(一)数学学科"LOVE课堂"形态的教学实践

1.数学学科"LOVE课堂"评价标准制定

2011年版《小学数学课程标准》指出:评价主要目的是为了全面了解学生数学学习的过程和结果,激励学生学习和改进教师教学。评价既要关注学生学习的结果,也要关注学习的过程。那如何开展有效的课堂教学评价,加强对课堂教学质量的监控呢? 课堂评价标准应是怎样的呢? 对于这些问题,结合"LOVE课堂"形态的特点,开展了"LOVE课堂"形态评价标准制定的实践研究。

（1）研究框架（见图4-5）

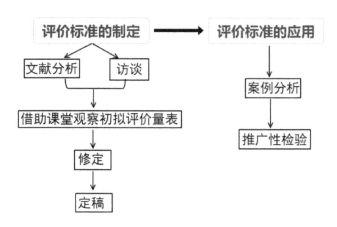

图4-5 研究框架

（2）研究过程

在对整个研究过程综合分析的基础上，研究思路主要分为以下三个阶段：

第一阶段：结合"爱的课堂"形态，在新课程理念下对数学课堂教学进行探讨。在这个阶段，副校长牛祎带领全体数学老师搜集、查阅和整理相关的文献资料，对课堂教学评价的成果进行总结分析，吸取好的方面，摒弃不好的方面，同时通过数学教研时间对全校数学老师进行访谈，整理出数学课堂的评价的关注点以及手段，为数学课堂评价工具提供良好的文献基础。

第二阶段：结合课例，借助课堂观察的手段，初步拟定数学课堂观察量表（见表4-1）。

表4-1 "生活情景导入"观察量表

执教老师:＿＿＿＿＿＿＿＿ 课题:＿＿＿＿＿＿＿＿＿＿＿＿＿＿＿＿

观察者:＿＿＿＿＿＿ 班级:＿＿＿＿＿＿ 情境质量:＿＿＿＿＿＿

教学环节　　　观察内容	引入	新授	巩固
情境内容			
学习兴趣(兴奋、一般、无所谓)			
学生情况描述或记录			
与目标的关联性			

评价量规:

A:情境设置与目标有关联,学生感兴趣。

B:情境设置与目标有关联,学生兴趣一般。

C:情境设置与目标没有关联。

在具体的教学中,"生活情景导入"可能是在课堂引入的前几分钟,也可能是新授部分,还有可能是在巩固环节中,不管在哪个环节中体现"生活情景导入"这个要素,情景的内容、学生的学习兴趣、学生表现、与目标的关联性等都能体现"生活情景导入"这个要素落实得怎么样,因此,在这个阶段我们制定了"生活情景导入"观察量表(见表4-2)。

表4-2 "操作与实践"观察量表

执教老师:＿＿＿＿ 课题:＿＿＿＿ 班级:＿＿＿ 观察者:＿＿＿ 活动质量:＿＿＿＿

操作实践活动主题	目标指向	操作活动的类型	操作实践活动要求的清晰度	学生的参与度	学生在操作活动中的表现	操作活动的质量

说明:1.观察者需要提前了解执教教师的活动预设。

2.操作活动的类型可分为:①引发与旧知的关联,学生自主表达。②引发对新知的深度思考。③运用知识解决问题。

3.学生的参与度:专注于活动的学生占比率

4.操作活动的质量可分为A达成(80%的学生完成了操作)、B基本达成(60%-80%的学生完成了操作)、C未达成(低于60%的学生完成了操作)

评价量规:

A级：全部操作活动都指向目标，含有3个操作类型，每个活动学生参与度在80%以上，全部操作活动的质量都是A。

B级：全部操作活动都指向目标，含有2个操作类型，每个活动学生参与度在60%以上，操作活动的质量都是B或B以上。

C级：不是全部操作活动都指向目标，只有2个操作类型，大部分活动学生参与度都在60%以下。

　　"操作与实践"在数学的所有课型中都会有所体现，要落实好这个要素，教师设计的"操作实践活动主题"是否指向目标、操作的类型有哪些、活动要求是否明确、学生的参与度、学生表现以及操作的质量直接体现着"操作与实践"这个要素落实的效果，因此我们设计了"操作与实践"观察量表，让教师更加明确操作活动的要求，"操作与实践"观察量表的制定给老师们指明了方向，尤其是对青年教师在操作环节对课堂的把控提供了有帮助（见表4-3）。

表4-3 "变式学习"观察量表

执教老师：_____ 课题：_____ 时间：_____ 观察者：_____ 班级：_____

1.授课教师认为本节课的变式学习体现在哪些方面？

2.课堂观察记录：针对本节课的变式学习，教师提出了哪些问题？ 活动质量：_____

提问的数量		提问的质量					
计划问题	新增问题	指向目标	清晰度	问题属级			无效
				1级	2级	3级	

注：1级问题：不需要思考的；2级问题：需时间独立思考，有一定的深度；3级问题：讨论交流，有深度。问题观察汇总：在变式学习中，老师预设问题（　　）个，实际提问（　　）个，其中有效问题（　　），占总问题的（　　）%，无效问题（　　）个，1级问题占总问题的（　　）%，2极问题占总问题的（　　）%，3级问题占总问题的（　　）%。

评价量规：

　　A级（优秀）：有效问题占总问题的85%—100%之间，1级问题的占比低于30%

　　B级（待提高）：有效问题占总问题的60%—85%之间，1级问题的占比在30%—60%之间

　　C级（不合格）：有效问题占总问题的低于60%，1级问题的占比高于60%

3.针对变式学习的内容进行后测（测试题目满分10分）。 教学效果：_____

后测题目设计：

学生平均分：_____

评价量规：

A级：平均分在7分以上

B级：平均分在5—7分之间

C级：平均分在5分以下

在数学教学中"变式学习"不仅体现在"巩固练习"环节中的举一反三，还体现在学生对新知的学习方式上。要落实好"变式学习"这个要素离不开教师的课堂提问，因此制定"变式学习"观察量表时先让教师结合课例说明这节课变式学习体现在哪里，然后针对变式学习，重点观察课堂中教师的提问，通过课前对教师教学设计中问题的提出分析是否指向目标，课堂中新增了多少问题以及问题的层级进行分析结合评价量规来说明教师提问的质量，以此来体现"变式学习"在这节课的落实情况。

"探索应用"中"探索"在数学课堂中的体现主要是给予学生充分的时间和空间，可以在课堂上，也可以在课下，"应用"主要是侧重运用新知解决新问题。所以要落实好"探索应用"这个要素要注意探究的时间、探究的方式、探究质量等，在数学综合实践活动课上体现得会更明显一些（见表4-4）。

表4-4 "探索应用"观察量表

执教老师：_____ 课题：_____ 时间：_____

观察者：_____ 班级：_____ 探索质量：_____

探索的问题	对应的目标	学生参与度	探究方式	完成探究的人数	探究质量

注:探究方式包括①独立思考,②交流讨论,③老师引导。

探究质量:①级:65%及以上的学生正确解决了问题,②级:50%—65%的学生正确解决了问题,③级:50%以下的学生正确解决了问题

评价量规:

A级:问题全部指向目标,学生的参与度达到80%以上,探究方式至少包含两种,探究质量为①级。

B级:问题全部指向目标,学生的参与度达到60%以上,探究方式至少包含一种,探究质量为②级及以上。

C级:学生的参与度低于60%,探究质量为③级。

第三阶段:构建数学学科课堂教学评价工具。在第一、二阶段研究的基础上,结合不同课例,在华南师范大学左璜教授和中原区教研室教研员的亲自指导下,数学学科"LOVE课堂"形态评价标准如下(见表4-5):

表4-5 郑州市实验小学数学学科"LOVE课堂"形态评价标准

授课教师: 年级: 日期:

课堂形态	评价标准	得分
生活情景导入 (10分)	1.能引起兴趣,激发学生积极思维 2.支撑新知教学,能有效帮助新知探究	
操作与实践 (30分)	1.活动设计合理,有助于教学目标的达成 2.活动要求清晰、明确 3.活动完成情况良好	
变式学习 (30分)	1.给学生交流的空间,教师能抓住生成,帮助学生自主构建新知 2.设计的活动能帮助学生加深对知识的理解	
探索与应用 (20分)	1.练习题设计有梯度,层次合理,变化多样 2.应用所学到的新知、思维方法解决其他问题 3.给学生探索的机会,时间分配合理	
综合素质 (10分)	教师语言、教师素质、教育机智、板书设计、教学创新等	
总得分		
整体评价 (亮点、不足及建议)		

第四阶段：应用数学学科"LOVE课堂"形态评价标准。根据制定的评价标准，实施课堂教学，并进行个案评价分析，同时也为其他学科落实"LOVE课堂"形态提供了参考和借鉴。

2.数学学科"LOVE课堂"形态的具体实施

（1）Living——突出"大情景教学"

在数学课堂教学中，"生活情境导入"不仅仅是导入的那个环节中联系生活实际，在新课标的理念下，突出更多的是"大情景教学"，要贯穿教学的所有环节，也就是在一个真实的情景下，通过解决一系列的数学问题帮助学生学习新知、提高解决问题的能力、同时培养学生的数学核心素养。

比如，在三年级上册数与代数"整理和复习课"中以"参观郑州博物馆"为大情景，学生不仅要利用乘法的知识解决买门票、车票的问题，还要通过列表法选择合适的坐车方案；不仅要利用周长的知识计算博物馆内浮雕墙的周长，还要利用分数的知识解决喜欢"郑州文明曙光"和"古代文化神韵"有多少人的问题。整节课在解决"参观郑州博物馆"的一个个实际问题中，巩固了学生的数学知识，同时培养了学生解决问题的能力，发展了学生的数感。

（2）Operating——突出"在动手动脑的操作中，理解知识本质"

数学课堂中的"操作与实践"不仅仅是动手摆、动手拼、动笔写、动口说，更重要的是在操作过程中头脑的思考，也就是动脑探求知识的本质。

比如，在一年级上册"20以内的进位加法"中，课堂上学生借助小棒，动手摆一摆、圈一圈，这样的操作活动都会有，但关键的是在动手摆圈的过程中，学生是否在动脑探究知识的本质，"为什么要凑成10根小棒呢?"也就是学生在操作的过程中教师要有意识地渗透"转化思想"，培养学生的迁移能力，把"9加几""8加几"等转化为"10加几等于十几"的旧知来解决，体会"凑十法"的简便算法，更好地帮助学生理解算理算法。

（3）Varying——突出"改变学习方式，举一反三"

数学课堂中的"变式学习"除了学生将知识举一反三，更重要的是在数学学习的过程中让学生经历知识形成的过程。

比如,在四年级上册"条形统计图"中认识条形统计图,了解条形统计图的特点,执教这节课时,条形统计图的出现不能是教师直接给出这样整理数据的方式,而是从学生已有的统计知识入手,通过对比之前学习的象形图、统计表,引导学生发现它们各自的优缺点,引出条形统计图,让学生经历条形统计图形成的过程,从而对条形统计图能清楚地看出数据的特点,更好地理解。

再比如,四年级下册"乘法分配律练习课"中,通过练习"$(a+b)c=ac+bc$"的正向运用、逆向运用掌握算式中数据的特点以外,还需要增加"$(a-b)c=ac-bc$""$(a+b+c+...)x=ax+bx+cx+...$""$102 \times 25$""$26 \times 98$""$125 \times 32$"等多种形式,目的就是引导学生学会观察数据的特点,正确使用运算定律,简便计算。

(4)Exploring——突出"应用"

"探索应用"这个要素在数学教学中的落实更多的是"数学综合实践活动课"上。主要是学生利用旧知解决生活中的新问题,感受数学与生活的紧密联系。

比如,在二年级上册"量一量、比一比"的数学实践活动课上,学生利用不同的测量工具测量身边不同物品的长度,探求用多种不同的方式来表达物品的长度或高度,让学生在合作交流的过程中感受数学与生活的联系,同时增强了学生对"量"的实际意义的理解。

(二)英语学科"LOVE课堂"形态的教学实践

《英语课程标准》指出:"教师应通过创设接近实际生活的各种语境,采用循序渐进的语言实践活动,以及强调各种过程与结果并重的教学途径和方法,如任务型语言教学途径等,培养学生用语言做事情的能力。"课标要求教师为学生创设良好的语言环境和提供大量的语言实践机会,使学生通过体验、感知、实践、参与和交流学习语言。这与"LOVE课堂形态"的"联系生活实际,重操作实践,解决生活中的问题"这一核心思想高度吻合。

基于对"LOVE课堂形态"和英语学科课程标准的深入解读,我们开展了英语学科"LOVE课堂形态"实践研究。

1.Living——从生活情境出发，渐入学境

在英语教学中，"生活情境"贯穿教学的始终。教师不仅可以在导入环节创设接近实际生活的各种语境，带领学生"渐入学境"，还可以在语言输出环节为学生创设接近真实的生活情境，运用所学语言进行交流。在英语的对话课、阅读课及故事课教学中，我们可以在导入环节使用free talk的方法，就是在课前跟学生就某一话题结合自身生活进行自由交流，逐步将学生带入本节课要学习的情境中，具有"随风潜入夜，润物细无声"的功效，看似闲聊，实则是有目的的交流，不仅可以激活学生已有知识，还可以调动学生的参与意识，因为free talk一般是从师生自身的生活聊起，使用的也是学生学过的语言，学生不仅有话可说，还很感兴趣。

例如，在讲授六年级下册Unit3 Where did you go? B Let's talk时，可以先从彼此的hobby聊起，引出take a trip话题，继而通过照片分享自己的出游经历，并引导学生针对老师的出行经历进行提问，从而在真实的语境中运用What did you do? Did you…? 等所学语言，然后询问学生的寒假活动，师生用已学语言就假期话题进行简单交流，为本节课学习Amy的寒假活动做好情境及语言准备。师生从自然交流开始，营造轻松愉快的学习氛围，激活已有知识，感知了新语言。同时，学生在与老师的交流中逐步提升语言表达能力。

再如，在讲四年级上册Unit5 Dinner's ready! A Let's talk一课时，导入阶段可以采取有趣的生活体验活动，把学生一下子吸引进来，首先出示一些生活中常见的水果，说：I'm hungry. I'd like some salad. Let's make a salad。然后师生共同制作沙拉，并请大家品尝。在这一过程中很自然地用到了本节课要学习的新语言What would you like? 这节课学生在真实的情境中运用语言知识进行交流，打破了师生之间的距离感。学生不是被动地听或看，而是真正参与其中，既调动了进入新知学习的兴趣，又充分感知了新语言适用的生活场景，创设生活化的语言情境对学生语言能力的培养真可谓是"润物细无声"。

以上两个例子都利用了生活情境导入新课,一种是从教师学生自身的生活聊起,逐步过渡到教材中人物的生活;一种是直接把生活中的场景搬到课堂上,让学生在接近真实的语境中感受和体验。虽不相同,但都对学生语言能力的培养起到了潜移默化的作用。

2.Operating——机械操练与意义操练相结合,巩固内化所学语言

英语教学中的操作与实践一般指语言操练,从形式上可分为机械操练和意义操练。机械操练是指在呈现完新的语言材料后,教师组织学生进行模仿、记忆为主的控制性反复练习,包括跟读、朗读等,以便学生形成正确的语言习惯,为交际性练习打下基础。意义操练是指在机械操练的基础上,学生独立运用语言材料进行有意义的交际活动,如替换练习、角色表演、复述等,为真实语境中的运用做准备。教学中,教师应结合两种操练形式,针对不同的课型选取不同的操练活动。

(1)跟读模仿

跟读模仿是教师在呈现完新授教学内容后,引导学生跟着教师或录音齐声朗读。该操练活动旨在帮助学生掌握正确的语音语调,从发音角度巩固内化所学语言,同时增强语感。该活动适用于各种课型,因为模仿是学习语言的基础。

(2)替换练习

替换练习是学生从机械操练向意义操练的过渡。在对话教学和词汇教学中,当学生熟练掌握一个句型或一段对话后,稍微变化一下情景,让学生进行替换性的练习。比如在讲授四年级 Unit3 Weather B Let's talk 一课时,对话是关于 Chen Jie 和 Mark 两个人使 What's the weather like in…？It's+描述天气的形容词这一句型谈论纽约和北京的天气,教师可以提供国内及世界其他城市的天气图片,引导学生运用以上句型进行替换练习。这种半开放式语言替换练习难度不大,有助于循序渐进地掌握所学语言,同时增加孩子语言表达的自信心。

(3)角色表演

角色表演也是英语教学中惯用的操练形式。主要在对话和故事教学

91

中使用。角色表演是指将学生融入一定的情境中，赋予他们一定的角色，让他们在角色的扮演和体验中，学会运用所学的语言。活泼、好动是小学生的天性，他们对新事物的好奇心极强，记忆力好，模仿力超强。角色扮演活动可以充分调动学生的感官系统，使他们好动的天性得到充分发挥，让他们觉得英语是鲜活的，促使他们不断去探索这未知世界，进而提高英语学习兴趣。例如，在讲授四年级上册 Unit 1 My classroom Part C story time 时，教师让学生小组合作进行排练和表演。几分钟的排练后，学生带着自己做的道具在讲台上介绍角色并开始表演，就连班级中程度较弱的学生表演没有台词的 little bee 都表演的惟妙惟肖，甚至还能给角色加上一些台词，十分令人惊喜。孩子们在这个过程中找到了学习英语的乐趣，在排练的过程中，加深了对文本的理解，提升了语言表达能力和内化故事语言的能力。

（4）复述

复述是指学生在理解和记忆的基础上，把阅读的内容加以整理，用自己的话，有重点，有条理地叙述出来。它融理解、记忆、归纳、表达于一体，是学生识记、掌握语言知识，并使其转化为实际运用能力的行之有效的方法。复述作为一种综合性较强，而又富有创造性的训练形式，在整个基础英语教学中起着不可忽视的重要作用。在阅读及故事教学中，通常会采取复述的方式来巩固所学语言。例如，在讲授 Henny Penny 这个故事时，教师可以用板书的形式将 Henny Penny 在去告知国王天要塌下来的路上遇到的人物及故事发生的逻辑顺序一一呈现在黑板上，最后绘制成一幅思维导图，使学生能借助思维导图用自己的话来复述故事。二十几页的一本绘本，在思维导图的帮助下，浓缩成一个大家都会讲的短故事，不仅提升了学生英语学习的自信心，也在讲述故事的过程中锻炼了逻辑思维能力及归纳能力。

课堂操练活动必须遵循学生的身心特点和学习要求，各个操练环节始终以语言运用为目的，围绕有效突破教学重难点而展开。

3.Varying——巧用变式学习，拓展思维空间

变式学习，即变换不同形式帮助学生深刻理解学习内容。在英语教学中，为了促使学生对知识的理解更透彻，老师要对教材进行深度挖掘，提出开放性的、有思考含量的问题供学生思考。变式学习可以为学生提供更为广泛的参与学习的时间，空间，促进学生的知识迁移，培养学生的创新意识和实践能力的发展。教师应巧设问题，善设疑点，给学生创设一个自由发挥的田地，提供积极参与的思维空间，鼓励学生主动思考勇于探索，大胆创新。

（1）巧设提问，激活学生思维

有效的课堂提问能促使学生积极思考。教师可以巧借实物、图片、肢体语言、多媒体等创设语境，让学生积极思考，展开想象，在多样化的问答中达到发展语言能力与思维能力的目的。

例如，我在讲授六年级上册 Unit 3 Weekend plan Part B Let's talk 一课时，教师首先让学生看对话中海报图片，并通过提问引导学生进行猜测。Question 1：Where are John and Jack going next week? 然后带着这个问题去听录音，这样学生听的目的性更强，效率更高。通过听学生了解到 John 和 Jack 打算去电影院，接下来教师进一步提出 Question 2：What are they going to do there? 这一问题。在学生回答出 see a film 的基础上进一步追问 What's the film about? 并引导学生快速浏览对话，查找所需信息。最后提出 Question 3：When are they going? Question 4：Why? 引导学生仔细阅读文本，寻找细节信息。四个问题的设置由易到难，逐步帮助学生深入对文本的理解。在问题的牵引下，学生通过听、看、读等学习活动充分理解语言材料，同时训练了获取细节信息的能力和理解能力。教师通过设疑提问，使教学各环节得以无痕衔接，学生的思维乐趣也在思考和解答问题的过程中得以激活。

（2）适时留白，留给学生思考的空间

在教学中可适当采用留白，即适当设置一些开放性的问题，让学生从不同角度去思考、去体验、去探究，学生在发散性思维的引领下，任意想想、说说，从而培养学生的思维习惯与想象能力，同时还能增强语言的丰富性。这就要求教师充分挖掘教材，并结合学生生活，适时选择学生感兴趣的开放性话题，留给学生充分的思考空间和时间。

例如,六年级下册 Unit 3 Where did you go? Part B Let's talk 一课,由于对话内容中只谈到了 Amy 的寒假出游经历,而并未涉及另外一个人物吴一凡的出行经历,我在授课中设计了 Let's imagine 环节,设想吴一凡的假期活动,引导学生进行思考。学生对这一活动非常感兴趣,设想到吴一凡去了全国甚至世界各地,做了各种有趣的事情,品尝了各种美食,天南海北聊得非常尽兴。学生在这一活动中不仅很自然地运用了本节课所学的新语言,还学到很多课外的新词汇、表达及以前学过的语言知识,真可谓事半功倍。

(3)善用预测、改编或续编,助力思维拓展

在故事教学中,引导学生对故事的内容进行预测是很好的教学方式。在阅读故事之前,老师可以就故事内容鼓励学生进行问题性的猜测,这样的猜测激发学生想要迫切读故事的欲望。例如,在讲授五年级上册 Unit5 There is a big bed. Part C Storytime,可以引导学生先观察第一幅图中的易拉罐,How is the can? Why is he so sad? 通过问题引导学生对故事内容进行预测,带着问题进入故事的学习,在学习故事的过程中我们还可以通过 Will the naughty bear help? Who help the can at last? 等问题让学生进一步预测故事的进展。学生在预测的过程中学会了分析事件的开头和结尾,有了条理性的思考和认知,能有效地培养学生的分析能力和推理能力。

改编或续编故事能有效培养学生的发散性思维,教师要善于根据学生自身的特点和经验引导其进行故事改编或续编。在讲授四年级上册 Unit3 My friends Part C story time 时,可以设计续编故事的环节。本课的内容是大家熟悉的拔萝卜的故事,语言简单,情节没有新意。然而在读完故事之后,教师可以提出这样的问题:What will the rabbit do with the turnip? 萝卜拔出来之后,兔子会怎样处理这个大萝卜呢? 这个问题引起了学生的兴趣,打开了他们的思维。学生们的答案五花八门,有的说开一个萝卜party,用萝卜做成各种食物与朋友分享;有的说建一个萝卜 house,和朋友们在里边玩耍;甚至还有的脑洞大开,要建一艘萝卜 ship,乘坐这艘船去美国并见到了哥伦布……孩子们的想象十分丰富,作为老师,只需要给孩子打

开一扇窗，为孩子提供想象的空间。

4.Exploring——跳出教材，走进生活

在英语教学中，探索与应用表现为通过创设与学生生活密切相关的语用环境，运用循序渐进的语言实践活动，培养学生在日积月累的学习中"用英语做事情"的能力。因此，教师在拓展环节从学生的认知水平和生活经验出发，设计各种情境化活动，搭建合适的语言支架，让学生在生活中能灵活运用所学语言展开有效的交际活动。

在对话和阅读教学中，经过语言学习及操练巩固后，通常会跳出教材，设计贴近学生实际生活的语言运用活动。五年级 Unit 6 Work quietly! Part B Let's talk 与日常生活中的行为规范有关。课本上呈现的是学生在图书馆内交流时被告知要小声说话的情境。在拓展环节中，教师先引导学生思考：Where can we see the signs? 学生们说出的也有很多，如 bus、sub - way、plane... 教师在此基础上又补充了 computer room、art room、cinema、stairs、museum…接着，教师启发学生继续思考：这些场所的行为规范是什么呢？每个小组选择一个场景，创编新的对话。教师在小组合作创编时有针对性的指导、在学生上台展示对话后给予鼓励，向学生们制止不文明行为，从自身做起的行为点赞！通过英语课程的学习结合学生自身的生活经历，帮助他们形成良好的品格，为学生的终身发展奠定基础。

再如，六年级 Unit 3 My weekend plan 这一单元的阅读教学是关于中秋节计划的，可以在读后设计关于书写节日计划的活动。可以先组织学生谈论自己喜欢的节日是什么？通常都做哪些事情？通过问题的引导发散学生思维，激活已有语言知识，并画出思维导图即写作提纲，最后综合运用所学语言，为自己最喜欢的节日制定节日计划。

三、"LOVE课堂"形态的成效与未来展望

（一）"LOVE课堂"形态的实践成效

"LOVE课堂"形态准确定位了教和学的关系，极大地激发了学生的求

知欲,提高了课堂效率。为学生终身学习和全面发展打下基础,同时激发了教师对教学研究的兴趣。

"LOVE课堂"形态的实施,使教师课堂教学观念得到改善,能在课堂教学时有意识地落实课堂形态的四个要素。课堂上生活情境丰富有趣,能支撑教学;课堂不再是以教师为主导,而是给予学生实践、交流、探索的空间,能够把课堂真正还给学生。

"LOVE课堂"形态的实施,使学生的学习方式发生了改变,从听老师讲为主改变为问题引导下的自主学习、动手实践、合作探究,学生学习的兴趣大大提高。学生在学习过程中敢于表达自己的想法,与其他同学的交流更多更深入,合作能力更强,解决问题的能力也得到一定程度的提升。学生养成了遇到问题独立思考的习惯,学会了合作和分享,更加明白了学习的本质与内涵,能感受到智慧的成长和精神的成长。

制定出各学科的课堂评价标准,为评价、改进教学提供了依据。课堂上,老师们教有可依,听课老师们也有了评分的标准,不再是凭感觉给上课老师打分。课后,老师们依据课堂评价标准进行研讨,进一步优化教学设计。

形成LOVE课堂形态的典型课例集。在校长和各学科主任的带领下,全体老师根据自身的教学,结合LOVE课堂形态以及"爱的课堂"实施评价标准,针对每一节课精心设计基于标准的教学,并认真反思,对LOVE课堂形态的落实进行设计说明。我们把各学科的优秀课例整理成典型课例集,便于各学科之间相互学习借鉴,并为青年教师教学提供参考。

(二)"LOVE课堂"形态的未来展望

从2019年开始研究实施"LOVE课堂"到今天,郑州市实验小学的课堂形态走过了3年的探寻历程,也逐渐趋于成熟。我们郑州市实验小学的老师们在探索"LOVE课堂"的过程中也是且思且行,在"LOVE课堂"上,教师尊重学生的主体意识,充分考虑学生的自我感受,师生之间相互尊重,彼此关怀,一起体验成功和挫折、分享发现和认识,共同体会与人合作的快乐、成长的美好、生命的意义。

在下一步"LOVE课堂"教学模式实施的过程中,我们将进一步在"优质的课堂形态"与"教师专业素养"这两方面努力。全面提高教师培训的规格和质量,强化教师阅读和专业写作,促进教师的专业素养提升;积极探索更多"变式学习"的方式,学习任务设置分层适度,让不同层次的学生都能参与到学习中来。

附件4-1:

郑州市实验小学数学学科"LOVE课堂"形态评价标准

授课教师: 年级: 日期:

课堂形态	评价标准	得分
生活情景导入 (10分)	1.能引起兴趣,激发学生积极思维 2.支撑新知教学,能有效帮助新知探究	
操作与实践 (30分)	1.活动设计合理,有助于教学目标的达成 2.活动要求清晰、明确 3.活动完成情况良好	
变式学习 (30分)	1.给学生交流的空间,教师能抓住生成,帮助学生自主构建新知 2.设计的活动能帮助学生加深对知识的理解	
探索与应用 (20分)	1.练习题设计有梯度,层次合理,变化多样 2.应用所学到的新知、思维方法解决其他问题 3.给学生探索的机会,时间分配合理	
综合素质 (10分)	教师语言、教师素质、教育机智、板书设计、教学创新等	
总得分		
整体评价 (亮点、不足 及建议)		

附件4-2:

郑州市实验小学数英语学科"LOVE课堂"形态评价标准

授课教师: 年级: 授课内容: 日期:

课堂形态	评价标准	得分
生活情景导入 (10分)	1.能从师生的生活实际出发,从旧知自然过渡到新知 2.能激发学生学习新知的兴趣,使学生更好地参与新知学习	

课堂形态	评价标准	得分
操作与实践 （30分）	1. 教学目标明确，能紧扣目标开展教学活动 2. 活动设计注重语言情境的创设，活动形式多样有效，有助于目标的达成 3. 教学环节设计合理，容量适度，注重语言运用	
变式学习 （20分）	1. 能利用情境迁移帮助学生加深对知识的理解 2. 情境创设贴近生活，学习材料有针对性	
探索与应用 （30分）	1. 语用活动设计合理、有效，有助于学生语言运用能力的培养 2. 给学生探索的机会，帮助其在生活情境中恰当应用所学到的新知进行交流及解决问题	
综合素质 （10分）	教师语言规范准确、板书合理有创意、课堂驾驭能力强	
总得分		
整体评价 （亮点、不足 及建议）		

附件4-3：优秀教学案例——数学学科

"条形统计图"教学设计及设计说明

教材来源：义务教育教科书小学数学/人民教育出版社2013年版

内容来源：小学四年级数学（上册）第七单元

主　　题：条形统计图

课　　时：第1课时

授课对象：四年级学生

设　计　者：雒　贺/郑州市实验小学

目标确定的依据

1.课程标准的相关内容

（1）经历简单的数据收集和整理过程，了解数据收集的简单方法，并能用图呈现整理数据的结果。

（2）通过对数据的简单分析，体会运用数据进行表达与交流的作用，感受数据蕴涵信息。

2.教材分析

"条形统计图"是义务教育教科书（人教版）四年级上册第七单元第一

课时的内容。

教材充分利用学生已有的学习经验，让学生通过观察某个月的天气情况，利用统计表、象形图进行统计后，再呈现条形图，通过将三者进行对比，感受条形图(1格代表1个单位)的特点，并让学生通过统计感受到当数据增大时，1格表示1个单位就不方便了，因此例题2突出了"以一当二"的条形统计图的必要性及其特点。

同时，教材为了培养学生的数据分析观念和应用意识，培养数据分析观念，因此创设了贴近生活的情境，让学生完整地经历收集数据、整理数据和分析数据的过程，逐步学会提出用数据表达问题，通过与统计表、象形图的对比以及不同条形图的对比，让学生进一步认识到条形图的特点。

3.学情分析

在第一学段，学生已经初步经历了简单的数据整理过程，能够用象形图、统计表来清楚地表示统计的结果，这是本节课学生已有的学习基础。

但对于本节课为什么还要学习条形统计图这种整理数据的方式，它跟之前学习的统计表、象形图有什么联系，学生不清楚，教学时重点让学生与旧知产生关联，在经历象形图到条形统计图的演变过程中充分地感受到条形统计图的优势，同时了解条形统计图的构成以及绘制的方法，体会统计在现实生活中的应用。

学习目标

1.通过调查学生买贴画的意愿，经历象形图到条形统计图的演变过程，知道条形统计图的构成、画法以及特点。

2.在解决问题的过程中，经历数据的收集、整理、分析，体会统计在生活中的应用。

评价任务

1.同桌讨论："我们能不能想办法把象形图修改一下，既能让别人一眼看出数，又画起来不麻烦呢？"(检测目标1)

2.回答："与我们之前学习的统计表、象形图相比，条形统计图有什么特点"(检测目标1)

3.在解决去哪一家买贴画、完成练习以及生活中的例子中体会统计在生活中的应用。(检测目标2)

学习过程

教学环节	教师的教	学生的学	设计意图
一、情境导入,提出问题	今天是12月23日,再过十几天元旦就要到了,大家想怎么庆祝呢?装扮教室我们在网上先买一些贴画吧!有4家店铺,你们想在哪一家买?	生1:开联欢会。生2:把教室装扮一下。(预设)生:让大家举举手,看看我们班选择哪一家的人最多就选哪一家	真实情境导入,为本节课的学习提出要解决的问题
二、经历过程,认识条形统计图	1.收集数据今天来体验一种更快的收集数据的方式。2.整理数据(1)要清楚地表示统计的结果可以有哪些整理方式呢?大家可以选择其中的一种方式来进行整理。(2)我们来看看这两位同学是怎么整理的。对这两位同学的整理,大家有什么看法或者有什么补充吗?(3)我们能不能想办法把象形图修改一下,既能让别人一眼看出数,又画起来不麻烦呢?教师适时引导象形图到条形统计图的演变过程。(4)条形统计图是我们在象形图上一步一步修改得到的,它与象形图相比有什么不同?(5)教师示范画一个后,你能像老师这样把剩下的三家也画一画吗?3.分析数据接下来,我们就可以根据条形统计图中的数据进行分析了,大家一起说,去哪一家买合适呢?4.小结同学们,今天我们用统计的知识解决了去哪一家买贴画的问题,从中我们认识条形统计图,那现在谁能说一说条形统计图跟统计表、象形图相比,它有哪些特点?	1.收集数据学生用手写板体验。2.整理数据(1)统计表、象形图。学生在学习单上整理数据。(2)学生汇报。学生补充。(3)同桌交流讨论,展示分享。(4)预设:生1:条形统计图多了一列数。生2:条形统计图多了标题。生3:条形统计图上是一格一格的。(5)学生画条形统计图。3.分析数据学生齐答,去第?家,因为选择?的人数最多。4.小结生:更直观地看出数据的大小	复习整理数据的方法,通过学生对统计表、象形图来整理的交流后,梳理出象形图的缺点,进而进行一步步修改,经历象形图到条形统计图的演变过程,认识条形统计图这种整理数据的方式,了解它的构成、画法以及特点。(检测目标1、2)

续表

三、巩固练习,拓展应用	1.元旦联欢会上节目该怎么安排呢?(课件呈现统计表) (1)请大家完成学习单上的内容。 (2)谁能给大家介绍介绍你的作品? (3)条形统计图纵轴上的一格是不是只能代表1人或者2人? 说说你的看法。 小结:生活中用条形统计图来整理数据时一格代表多少是要根据数据的具体情况来定的,数大的时候一格代表多一点,数小的时候一格代表少一点。 2.今天我们用统计的知识解决了去哪一家买贴画、元旦节目怎么安排的问题,大家想一想,用统计的知识还可以解决生活中的哪些问题呢? 教师课件展示生活中的其他例子	1. (1)学生独立完成。 (2)学生介绍。 (3)学生说看法。 2.学生举例	巩固条形统计图的画法,总结发现条形统计图中一格代表几要根据数据的具体情况来定,同时体会统计在生活中的应用。(检测目标2)
四、总结收获	通过今天的学习,你有哪些收获呢?	学生畅所欲言,分享收获	

"条形统计图"落实"LOVE课堂"形态的设计说明

郑州市实验小学 雒贺

一、"生活情景导入"的落实

(一)怎么落实?

本节课主要借助元旦到了,班级举办联欢会的生活情景,解决布置教室时家委会去哪一家买贴画、进行文艺汇演时节目怎么安排这样的数学问题,从而认识条形统计图。

(二)落实得怎么样?(对照评价标准)

1.课前导入,能引起学生的兴趣,激发学生解决元旦晚会中数学问题的积极思维;

2.情景能支撑新知教学,能有效帮助新知探究。

二、"操作与实践"的落实

(一)怎么落实?

分3个层次:

1.用自己喜欢的方式来整理数据(统计表、象形图)。

2.通过不同整理方式的对比,修改象形图,"我们能不能想办法把象形图修改一下,既能让别人一眼看出来数,又画起来不麻烦呢?"学生动手动脑操作,修改象形图。

3.画条形统计图(一格代表1、一格代表2)。

(二)落实得怎么样?(对照评价标准)

1.活动设计合理,从学生已有的学习基础出发,循序渐进,在不断修改、全班交流的过程中引发能看出数据、画起来简单的需求中认识条形统计图的构成,有助于学习目标的达成;

2.活动要求清晰、明确,核心问题清楚,操作性强。

3.学生会画条形统计图,达成目标。

三、"变式学习"的落实

(一)怎么落实?

1.问题探究:"我们能不能想办法把象形图修改一下,既能让别人一眼看出来数,又画起来不麻烦呢?"同桌交流讨论,展示分享。

2.不同学生展示分享。

生1:每一列都标上数,这样能清楚地看出数据。

生2:只在最高的一列上标数,一一对应,也能清楚地看出每一列的数据(教师引导:通常在最左边一列标数,以它为标准,看每一列的数据)。

生3:用长方形代替不同的图形,画起来不麻烦(在展示交流中教师适时引导,介绍这就是条形统计图)。

3.教师示范画条形统计图的一列,学生将剩余部分补充完整。

(二)落实得怎么样?(对照评价标准)

1.问题设计合理,让学生经历由象形图到条形图的演变过程,帮助学生认识条形统计图的特点,自主构建新知。

2.通过不同学生的修改展示、充分表达以及教师的引导,学生对条形统计图的结构认识更加深刻。

四、"探索应用"的落实

(一)怎么落实?

练习题1:将条形统计图补充完整(一格代表1人)。

练习题2:元旦晚会节目安排画条形统计图(一个代表2)。

追问:条形统计图纵轴上的一格是不是只能代表1人或者2人? 说说你的看法。

(二)落实得怎么样?(对照评价标准)

1.练习题设计由浅入深,层次合理。

2.应用所学知识、思维方法解决一格代表2等问题。

3.在一格代表2时给学生探索交流的机会,时间分配较合理。

附件4-4:优秀教学案例——英语学科

Tortoise and His Friends教学设计及说明

教材来源:北极星分级阅读/外语教育与研究出版社

内容来源:第二级(上)

主　　题:Friends

课　　时:第1课时

授课对象:四年级学生

设 计 者:赵静娴/郑州市实验小学

教学目标:

1.能够根据故事发展预测内容,正确理解并朗读故事,理清脉络复述故事。

2.通过表演、分角色朗读等形式评价故事中角色的特点,并通过对故事内容的思考提出看法建议。

3.通过学习故事,深切体会并感受到朋友之间团结合作相互帮助的重要性,体会友谊的珍贵之处。

教学过程:

一、生活情景(living)——课前导入

1. Greeting and introduction

T: Good morning boys and girls, today I'm your new English teacher.

My name's Christine . Nice to meet you.

S：Nice to meet you too.

T：First, let me introduce myself. (chant)

（设计意图:依据LOVE课堂形态中的板块L(living)——生活情景,在导入环节中,师生在真实的英语课堂氛围进行自然而然的问候,借助一首描述老师的chant互动,拉近师生的距离,创建轻松愉快的课堂氛围,带领学生"渐入学境"。）

2. Guessing game

T：Before the class, let's play a guessing game. Listen and guess.

T：(播放录音) What is it?

S：It's an elephant.

T：That's right. What does it look like?

S：Big and strong.

T：(播放录音) What is it?

S：It's a tiger.

T：Can you say something about tigers?

S：It has sharp tooth. It's dangerous.

T：Next animal it is small, it walks slowly, it can not swim, it has a shell.

S：Tortoise.

T：Yes, today we will learn a story about the tortoise and his friends.(板书课题)

（设计意图:通过呈现真实的动物图片,结合生活实际,激活学生们已有的知识,利用猜测动物这一话题自然地与本课要学的绘本建立联系,引出课题。）

二、变式学习(Varying)——精读绘本

1. Show the cover and predict 读前预测

T：Can you read the title of this book?

S:Tortoise and His Friends.

T:Look at the cover,let's predict who are tortoise friends?

S:Giraffe, elephant,monkey, tiger.(板书)

T:Where are they?

S:In the forest.

T:What can you see in the forest?

S:River,grass and some trees.(板书)

T:What do they want to do?

S:Maybe they want to drink some water,go swimming,dancing...

T:Maybe you're right, now let's read the story together.

(设计意图:结合课堂形态中变式学习,通过创设一系列思考性开放性的问题,引导学生通过观察封面,知道书名,并结合图片预测故事内容,引起阅读故事的好奇心。)

2. Read and answer(P2-3)师生共读

T:Where do they live ? What do they want to do?

S:The tortoise and his friends live by the river. One morning, the friends want to cross the river.

T:What will the monkey say to the tortoise?

S:Let's cross the river.

T:How can they cross the river?

(设计意图:依据课堂形态中变式学习,通过师生共读、问答的方式解读文本前两页,了解故事发生的背景,通过阅读验证自己之前的预测与猜想。通过观察图片,大胆猜测,激起继续阅读下文的兴趣。)

3. Read and answer(P4-10)自主阅读

T:let's read P4-10 and then answer the question: How can they cross the river?

S:The Monkey and the tiger jump.(板书)

T: The Monkey is on the tree, how can he jump? Can you act

like a monkey?(学生扮演)

T：How about the elephant and the giraffe?

S：The elephant and giraffe wade.(板书)

T：Do you know wade?

(借助自然拼读形式学习 wade 发音,通过观看视频了解该词的含义)

T：Look at the tortoise, can he cross the river?

S：No.

T：Why?

S：He is old. He can't jump or swim.

T：Yes, this poor old tortoise can not jump or wade.(齐读句子)

T：So the friends will help him, let's read together.

S:(齐读)

T：The tortoise and his friends have so many good idea. Can he cross the river now?

S：No.

T：Let's listen. (放录音)But poor tortoise is scared.

S:(跟读)

T：What is he scared for?

S：He can't swim, if he falls down to the river , he will die.

T：What will he say to his friends?

S：Sorry, I can't. I'm scared.

(设计意图:通过自主阅读的方式深入理解文本,了解故事的情节发展与变化。知道其他动物是如何过河的,并明白乌龟不能过河的原因。)

三、操作与实践(Operating)——Mini Act

T：Let's do a mini act in your group. What will the tortoise say to his friends? When you act , you can add some words. Then show us.

S:(学生表演)

T: If you are the tortoise's friends , how can you help?

S: We can make a boat. Climb on other's back to cross the river.

(设计意图:通过角色扮演的课堂实践练习,加强对故事内容的理解,大胆猜测,体会故事人物的情感,通过表演敢于使用所学语言,锻炼英语思维能力和表达表演能力,以及问题解决的能力。让学生在表演中学会换位思考,启发学生乐于助人的意愿。)

四、变式学习(Varying)——Watch and read

T: So the friends make a secret plan.

How can they help? let's watch.

S:(学生观看视频)They make a bridge for the tortoise.

T: How to make a bridge?

S:(听并跟读12—13页,板书关键词)

T: Now let's chant.

S:(学生自读)

T: Look, here we have a tree. Can you make a bridge to help the tortoise?

S:(学生分别扮演四个动物,通过bend、snap、pull、help这一系列的动作,为陆龟建一个桥)

T: Look at the tortoise, can he cross the river now? Is he happy? Let's read in roles happily!

S:(一名学生读陆龟的话,其余学生读陆龟朋友说的话)

T: The tortoise can cross the river now, what will the tortoise say to his friends?

S: Thank you so much, you're helpful.

(设计意图:在此环节的变式学习中,通过视频揭示故事结尾,借助图片,跟读,chant and do等一系列递进活动,使学生理解并明白最后朋友是怎么帮助陆龟过河的,以及如何为陆龟建桥,体会互帮互助的集体意识和合作精神。通过故事结尾的分角色朗读,体会并感受陆龟情绪情感的变化,感受有朋友帮助的快乐。)

五、操作与实践(Operating)——Read and retell

T:Let's read this whole story.

S:(学生自己朗读全部文本)

(设计意图:在完成整篇文本的解读后,通过朗读练习,再次感知整个故事,基于自己文本的理解,能够有感情且正确地朗读故事,内化语言。)

T: Retell the story in groups, choose A or B to retell the story.

A: Retell together.

B: Choose a spokesman.

S:(学生练习并展示)

(设计意图:通过练习复述,增强对整个故事的理解,梳理理清故事脉络,培养学生逻辑感。)

六、变式学习(Varying)——Think and answer

T:What do you think of tortoise's friends?

S:Kind, helpful and friendly.

T:What do you learn from the story?

S:Friends should help each other.

(设计意图:通过学习故事,启发学生的思考,深切体会并感受到朋友之间团结合作相互帮助的重要性,体会友谊的珍贵之处,并能在今后的生活中在遇到困难时,与朋友相互帮助。)

七、探索与应用(Extension)——Talk about friends

T:Do you have friends? Who is your friends? Talk about your friends.

S:I have a friend, she/he is ...

(设计意图:通过本课的学习,联系生活实际,运用语言描述自己的朋友,感受到友谊带来的快乐、朋友之间相互陪伴,相互帮助的快乐,在自己的日常生活中珍惜朋友,珍惜自己的友谊。)

八、Homework

1.Share the story with your friends.

2.Read more books about animals and friends.

Tortoise and His friends

落实"LOVE课堂"形态的设计说明
郑州市实验小学　赵静娴

一、"生活情景导入"的落实

（一）怎么落实？

利用课前chant,拉近师生的距离,创建轻松愉快的课堂氛围。之后利用猜测动物这一活动激活学生们已有的知识,引出本课课题。

（二）落实得怎么样?（对照评价标准）

1.能够从生活实际出发,激活了学生已有知识,自然而然与本课内容建立联系。

2.激发了学生学习新知的兴趣,学生课堂参与度更高。

二、"操作与实践"的落实

（一）怎么落实？

1.通过Mini Act(角色扮演)课堂练习,加强对故事内容的理解,大胆猜测,体会故事人物的情感。

2.通过Read and retell再次感知整个故事,基于自己文本的理解,能够有感情且正确地朗读故事,内化语言。

（二）落实得怎么样?（对照评价标准）

能紧扣目标开展教学活动,学生在活动的过程中能够做到朗读复述并表演故事;

活动类型多样化,可操作性强,全体学生都可通过小组活动的方式参与到课堂中来;

实践活动以语言运用为目的,每组学生在表演中敢于使用所学语言与他人沟通交流,合作完成任务,有语言地生成、有英语思维地参与。

三、"变式学习"的落实

（一）怎么落实？

在精读绘本前创设一系列有思考性、开放性的问题，让学生预测故事，引起阅读的好奇心，如：Guess who are Tortoise's friends? Where are they? What do they want to do?

精读绘本时，采用师生共读、自主阅读、watch and answer等方式了解故事的情节发展与变化；同时，通过情景迁移：假如你是the tortoise's friends,how can you help? 来启发学生思考。

在揭示故事结尾时，借助图片、跟读、chant and do等一系列递进活动，使学生理解并明白最后朋友是怎么帮助陆龟过河的，以及如何为陆龟建桥，体会互帮互助的集体意识和合作精神。

精读绘本后，通过创设问题启发学生思考：What do you think of tortoise's friends ? What do you learn from the story?

（二）落实得怎么样？（对照评价标准）

学生较好地了解了故事的情节发展与变化，清楚地知道其他动物是如何过河的，并明白乌龟不能过河的原因，有助于目标的达成；

情境迁移帮助学生加深对故事的理解，学生深切体会并感受到了朋友之间团结合作相互帮助的重要性，体会到友谊的珍贵之处。

学生的思维得到了发散和拓展，在今后的生活中在遇到困难时，明白了朋友之间需要相互帮助。

四、"探索与应用"的落实

（一）怎么落实？

读后联系生活实际，运用语言描述自己的朋友。通过谈论自己的朋友，感受到友谊带来的快乐，朋友之间相互陪伴，相互帮助的快乐。

（二）落实得怎么样？（对照评价标准）

语用活动设计合理、有效，有助于学生语言运用能力的培养。

给学生思考探索的机会，帮助其在生活情境中恰当应用所学到的新知进行交流问题。

附4-5:优秀教学案例——道法学科

"正确认识广告"教学设计

教材来源:义务教育课程标准试验教科书/人民教育出版社2019年版

教学内容来源:小学道法四年级(上册)第三单元

教学主题:信息万花筒

课时:第二课时

授课对象:四年级学生

设计者:王思源

目标确定的依据

一、课程标准的相关要求

随着全球化时代的到来,广告在经济发展和大众的日常生活中扮演着越来越重要的角色。公交移动电视广告,楼宇电视广告、交通广播电台广告、路牌广告等充斥着人们的试听。无处不在的广告通过语言、画面、音乐、字幕等形式传播着商品信息,同时也在传递着生活观念、价值取向、审美规范等。

生活性:本课程是儿童的生活为宝贵的课程资源,课程学习本身是儿童生活的组成部分,本课从学生生活出发,感受广告对生活的影响。

活动性:课程主要是以儿童直接参与的各种主题活动,游戏或其他实践活动,主要是通过在教师的引导下,让学生学会理性对待社会中的商业广告,学会辨别商业广告的常用方法,增强对广告信息的辨别能力。

二、教材分析

本课选自小学道法四年级(上册)第三单元第九课,针对四年级学生特点、成长需求和现实问题,让学生感受到广告与消费者之间的关系、广告对于消费者行为的具体影响、广告对消费者心理变化的影响,贴合学生的实际生活。

三、学情分析

四年级学生相对于低年级学生,心理上已有很大变化,有了一点的独立性。面对广告的猛烈攻势,没有足够的能力去识别广告的真伪性。因此,需要有人来引导他们正确认识、判断、识别、筛选广告,树立正确的消费观念。

四、教学目标

1.学会区分广告,不盲目相信广告。

2.警惕虚假广告,认识虚假广告的危害。

3.建立法治意识,学会维护自己的合法权益。

五、评价任务

1.通过联系生活进行交流,不盲目相信广告。

2.通过小组合作交流,识别虚假广告以及危害,警惕虚假广告。

3.通过全班交流,树立法治意识学会维护自己的合法权益。

六、教学过程

环节	教师活动	评价要点	课堂形态评价
环节一 谈话导入,激发兴趣	1.重现生活体验,激发学生兴趣 2.板书课题,学生齐读	产生对广告的质疑	生活情境导入,从学生常见的广告导入,拉近学生与广告的距离,并提出问题,激发学生对于生活中常见的广告的质疑兴趣
环节二 案例分析,正确认识广告	1.认识到广告不可全信,联系生活,引发学生对广告可信度的思考 2.识别虚假广告 (1)"双十一"广告之我见:"消食片"广告之我思 (2)"学习枕"广告之我辩:"治失眠"广告之我辩 (3)小组汇报交流补充、明确虚假广告不可信	1.有小组合作的意识,愿意参与到小组讨论中(评价任务一) 2.小组讨论有成效,能够识别虚假广告(评价任务二) 3.主动分享生活经历,不盲目相信广告,警惕虚假广告(评价任务二)	走进生活进行实践,真正去解决生活中所遇到的广告案件,在实操过程中掌握一些常见的判别真假广告的方法,特别警惕虚假广告
环节三 走进广告法,树立法律意识	1.了解虚假广告的危害 2.结合知识窗,补充广告法,树立法治意识	能够从案例中感受到中国是法治社会(评价任务三)	掌握基本的判别方法,能够知道相关法律法规,以解决生活中以后遇到的类似问题
环节四 学会维护自己合法权益	老师引导,补充维权步骤和维权平台	有维权意识,并有道德意识,将虚假广告传播出去,不让其他人上当(评价任务三)	在生活情境中学习方法,并探索运用到生活情境之中,达到学以致用

板书设计

正确认识广告

——广告都可信吗?

虚假广告　不可完全信

完全不可信

理性思考　　警惕

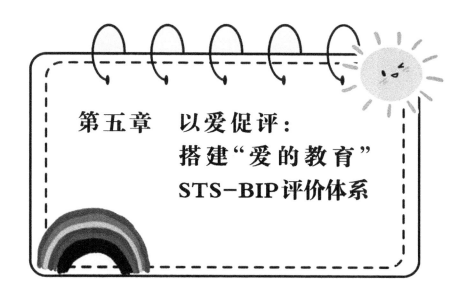

第五章　以爱促评：
　　　　　搭建"爱的教育"
　　　　　STS-BIP评价体系

为了更好地检验学校课程建设的成效,学校启动了"爱的教育"STS-BIP 的课程评价模式,从学校、老师、学生三个层面进行评价。

一、STS-BIP 评价体系的背景、内涵、原则

(一)STS-BIP 评价体系的背景

2020 年 10 月,中共中央、国务院印发了《深化新时代教育评价改革总体方案》,在总体方案中指出:"义务教育学校重点评价促进学生全面发展、保障学生平等权益、引领教师专业发展、提升教育教学水平、营造和谐育人环境、建设现代学校制度以及学业负担、社会满意度等情况。"从中可以看出国家正在导向一种新的教育评价观,新时代教育评价的目的涉及了学生、教师、学校三个方面,要促进学生的全面发展、引领教师的专业发展、建设现代学校制度。但是我们传统的评价方式,仅仅只是针对学生进行的评价,这样微观的评价显然是不符合国家宏观的要求的。

郑州市实验小学自从 2019 年参加了"以核心素养为本的课程体系建设与学校整体变革创新实验项目"后,在专家组的引领下,从以下几方面进行了学校的课程建设改革(见图 5-1)。在这些工作的基础上,学生、教师、学校的发展质量就成为检验学校课程建设成效的根本标准。

图 5-1　郑州市实验小学课程建设内容

为了检验郑州市实验小学的课程建设工作，基于国家新时代的教育评价观以及"做好爱的教育"的办学理念，我们从学生、教师和学校三个层面建构了自己学校的"爱的教育"STS-BIP质量评价模型（见图5-2）。

图5-2 "爱的教育"STS-BIP评价体系内容

（二）STS-BIP评价体系的内涵

STS是指学校（school）、教师（teacher）、学生（student）三个层面，BIP是指基本质量指标（basic）、个性化质量指标（individual）和过程性指标（process）。基本质量指标指学校获得有关活动荣誉、教师成绩、学生成绩等；特殊质量指标指测评全校学生课程体系设计时提到的要培养的几大核心素养的水平提升；过程性指标侧重于过程，课程实施过程中教师、学生的心理体验如何等。学校、教师、学生三个层面都需要从基本质量指标、特殊质量指标和过程性指标这三个指标进行评价。

BIP（学校层面评价体系）从"内涵发展""品牌凝练"这两个维度来检测办学愿景，"将学校打造成为一所'爱的教育'理念指导下的品牌学校，产生一定的社会影响力，辐射本区域甚至全国"的达成度；T-BIP（教师层面评价体系）从"爱之以德""爱之有道""爱之生情"这三个维度，来检测教师的

118

培养目标"懂得爱(爱生、爱校、爱教育),有学识、有修养、有境界、有能力、有激情"的达成度;S-BIP(学生层面评价体系)从"富有爱心""乐学善思""全面发展"这三个维度,来检测育人目标"成为懂得爱(爱己、爱人、爱世界),拥有尊重、包容、向上的品质,学会学习、学会做人、学会生活、学会合作,具有责任感、创新精神、能积极回报社会的现代公民"的达成度。

(三)STS-BIP评价体系的原则

1.客观性原则

客观性原则是评价的基本要求。评价的目的在于给学校、教师、学生的发展以客观的价值评定,如果缺乏客观性,就会导致决策失误。要在评价标准、评价方法、评价态度等方面要做到客观。

2.指导性原则

坚持立德树人,牢记为党育人、为国育才使命,充分发挥评价的指挥棒作用,引导确立科学的办学目标、教师发展目标和育人目标,确保教育正确发展方向。评价结果应经常反馈给学校领导班子、教师和学生,为他们指明方向、增添前进动力。

3.定期性评价与经常性评价相结合原则

为了确保实现评价目的,要根据评价内容合理选择评价的时间,做到定期评价和经常性评价相结合,切记突击检查。

4.定量评价与定性评价相结合原则

只有定性评价没有足够的定量评价会使评价缺乏科学性,所以定性评价要有定量评价做依据,也就是要有原始的数据分析,二者相辅相成,定性是定量的依据,定量是定性的具体化,二者结合起来灵活运用才能取得最佳效果。

5.个性化原则

根据LOVE课程体系所要达到的培养目标,以及不同年级的学生与不同发展层次的教师的实际情况,制定出凸显郑州市实验小学的评价维度。

二、STS-BIP评价体系的实现路径

(一)学校层面

1.确定S-BIP评价体系依据

学校的发展是师生教育生活的根本，国家出台的学校办学质量评价指标中明确的指引了义务教育阶段的办学方向。学校隶属于郑州市中原区，其着重打造中原品质教育。在品质教育发展战略的构建中提出了创建品牌学校的具体要求：先进的教育理念，深厚的文化内涵，卓越的教育成果，良好的群众口碑。再结合学校的办学愿景"将学校打造成为一所'爱的教育'理念指导下的品牌学校，产生一定的社会影响力，辐射本区域甚至全国"的达成度，确定了学校层次评价的B指标为：内涵发展和品牌凝练。基于学校对"实验"二字的实践，在爱的教育的引领下，旨在让师生过上幸福完整的教育生活探索中，实现的"人无我有，人有我优"的个性化发展，因此确定了学校层次评价的I指标为：课程体系、学校活动、教育成果、教育思想、学校特色和学校管理。

2.形成S-BIP评价体系框架(见图5-3)

图5-3　S-BIP评价体系框架

内涵发展:关注学校的课程体系、学校活动、教育成果方面,这一维度通过对学校课程规划、国家课程、校本课程方面进行评价。品牌凝练:关注学校教育思想、学校特色、学校管理方面,这一维度通过学校教育观、科技赋能、学校管理创新方面进行评价。

3.S-BIP评价体系介绍

本量表(见表5-1)在使用过程中主要采用的评价方式有:查阅档案和实地考察。其中关于课程体系、教育成果、教育思想等内容,主要采用查阅档案的方式,对相关的文件进行汇总、论证和评价。例如,教育成果的评价,将对近年来所获奖项进行汇总和数据对比。其中关于学校活动、学校特色、学校管理主要采用实地考察的方式。如学校特色,将实地考察学校的信息化建设的硬件设置和具体使用情况。若不能直接获取信息,将采用问卷调查的方式进行,如校本课程,学生是校本课程的主要参与者,将对其进行课本课程满意度的调查(见问卷1)。如学校活动,学校活动是否达到育人目标,评价的对象是学生,将对其进行学校活动参与效果的调查(见问卷2)。

表5-1 S-BIP评价量表

评价内容 B	评价指标 I	评价要点	评价标准	分值	评价结果
内涵发展(50分)	课程体系	课程规划	课程规划的目标、内容、实施、规划四要素齐全;内在有逻辑联系;能体会学习办学理念及育人目标	10	
		国家课程	开足开齐国家课程;教师教学活动落实LOVE课堂形态;每周一次综合实践活动课	10	
		校本课程	每周开设校本课程;校本课程满意度	5	
	学校活动	活动计划及实施方案	活动有计划;落实有方案;活动后总结	10	
		活动参与效果	活动参与度≥80%,活动效果好	10	
	教育成果	获奖情况	近三年学校、教师、学生荣誉汇总	5	
品牌凝练(50分)	教育思想	教育思想	课程观、教师观、学生观	20	
	学校特色	科技附能	信息化校园	10	
	学校管理	学校管理的创新	开放式管理、有温度的管理	20	

121

问卷1　关于学校校本课程的调查问卷（学生）

1.你的年级是？

☐一年级 ☐二年级 ☐三年级　☐四年级 ☐五年级 ☐六年级

2.你参加学校的校本课程了吗？

☐参加 ☐未参加

3.你是每学期更换一次校本课程吗？

☐是　 ☐否

4.你是自愿、自主选择校本课程的吗？

☐是　 ☐否

5.你能选到自己喜欢的校本课程吗？

☐是　 ☐否

6.你所选的校本课程能达到预期的心里目标吗？

☐是　 ☐否

7.你认为学校的校本课程丰富吗？

☐丰富 ☐不丰富

8.学校的校本课程设置能满足你的需要吗？

☐能 ☐不能

9.你在校本课上有提升吗？

☐有 ☐没有

本问卷有10道问题，除第1题之外，其余9道均为测评性问题，第一选项的数量≥6个 等级为满意，说明学校每年都开设有校本课程，且校本课程丰富，运行合理，学生对学校的校本课程十分满意。3≤数量＜6 等级为较满意，说明学校每年都开设有校本课程，但在种类上不够充分完善，还有待调整。数量＜3 等级为不满意 ，说明学校每年都开设校本课程，但课程类型和选择运行制度不够合理，不能得到学生的认可或者学校就未开设有校本课程。

问卷2　关于学校活动参与度、满意度的调查问卷（学生）

你一定参加过学校活动，结合你的真实感受，完成此次调查问卷吧！

1.你的性别是?

□男　　□女

2.你的年级是?

□一年级 □二年级 □三年级　□四年级 □五年级 □六年级

3.你愿意参加学校活动吗?

□很愿意 □愿意 □一般 □不愿意

4.你参加学校活动的频率是多少?

□一学期1次　　□一月一次　□一周一次

5.你认为学校活动设置的主题怎么样?

□很合理 □合理 □一般 □不合理

6.你认为学校的活动能达到育人的目的吗?

□很能 □能 □一般 □不能

7.你在活动中的收获多吗?

□很多 □多 □没有 □不多

8.你会将在学校活动中的所学运用到生活中吗?

□经常能用到 □偶尔用到 □用不到

9.你认为学校活动有什么需要改进的地方?

本问卷在每学期末,对各个年级的学生进行实名制抽样调查。抽样的数量占整个年级认数的50%。本问卷有6道等级性问题,第一选项的数量≥5个,等级为A;说明学校的活动,内容丰富能满足学生的需求。第三选项的数学≥4个,等级为B;说明学校的活动需要调整,对个别问卷的学生进行面谈调查。第三选项的数学≥4个,等级为C;说明学校本学期的活动安排不合理,需要学校班子商议。

问卷3　关于学校创新管理的问卷调查(教师)

1.您已经在本校工作了　　　年。

2.您对学校的管理是否了解。

□非常了解　　□了解　　□不了解

3.学校有明确的办学定位,有适合不同学生的特色课程。

□非常同意　　　　□同意　　　　□不同意

4.学校管理者具有广博的知识、较强的能力、较好的作风,还具有现代教育观念和现代管理思想。

□非常同意　　　　□同意　　　　□不同意

5.学校管理坚持"以人为本",重视人本管理。

□非常同意　　　　□同意　　　　□不同意

6.学校经常组织教师学习,致力于教师团队综合能力的提升。

□非常同意　　　　□同意　　　　□不同意

7.学校是一个开放的校园,实现了家庭、学校、社会联合。

□非常同意　　　　□同意　　　　□不同意

8.每学期学校都会邀请家长走入学校,参与学校的管理。

□非常同意　　　　□同意　　　　□不同意

9.您对学校管理是否满意。

□非常满意　　　　□满意　　　　□不满意

您对学校管理还有什么建议?

备注:问题1:工作1-3年,计1分;工作4-5年,计2分;工作5年以上,计3分。问题2-9:选项一得2分,选项二得1分,选项三不得分。问题10:有效建议一项得1分,无效建议不得分。

学校管理是学校发展的重要环节,学校管理创新是学校管理的重要内容,为了更好地探究学校管理创新的实现过程,助力学校管理积极发展,特开展此项研究(见问卷3)。关于学校创新管理问卷调查使用说明:1.每学年针对全体教师使用一次,并分析。得分18分以上的教师人数占比85%以上,得A。说明学校管理层在自身发展、工作方法和业绩、工作思路和创新、教师的培养等方面做到了守土有责、管理有方。得分10~17分以上的教师人数占比85%以上,得B。建议学校每一个管理者都要更新观念,以人为本,提高管理效率,为教师、家长及多提供参与学校管理的机会。得分10分以下的教师人数占比85%以上,得C。建议学校梳理管理方案,要求明确教育理念,以开放、创新的思想开展学校管理。

(二)教师层面

1.确定T-BIP评价体系依据

教师核心素养的确立是课程构建的重要一环,是保证课程实施的重要前提。基于此,按照教育部印发的《小学教师专业标准(试行)》,以争做"四有好老师,当好"四个引路人"为指导,以中原区品质教育——塑造品位教师为目标,结合郑州市实验小学课程建设中教师层面的分层目标,确立教师的核心素养(B)为:爱之有道;爱之以德;爱之生情。

教师的个性化指标是助力特色课程开发及实施的有力保障,结合郑州市实验小学校本课程以及"爱的课程"体系,确立了教师的个性化指标(I):教学专业度、教学艺术、创新能力;为人师表、爱岗敬业、关爱学生;教育温情、工作热情、学习激情。

2.形成T-BIP评价体系框架(见图5-4)

图5-4　T-BIP评价体系框架

爱之有道:教育部印发的《小学教师专业标准(试行)》中提出:教师能力为重,要把学科知识、教育理论和教育实践有机结合,突出教书育人实践能力；研究小学生，遵循小学生成长规律，提升教育教学专业化水平；坚持实践、反思、再实践、再反思，不断提高专业能力。基于此，学校从教学专业度、教学艺术、创新能力三个维度去考察教师"爱之有道"的核心素养。

爱之以德：热爱小学教育事业，具有职业理想，践行社会主义核心价值体系，履行教师职业道德规范，依法执教。关爱小学生，尊重小学生人格，富有爱心、责任心、耐心和细心；为人师表，教书育人，自尊自律，做小学生健康成长的指导者和引路人。基于《小学教师专业标准》的相关内容，以及郑州市中原区教育局印发的《教师成长发展手册》中对教师师德师风的相关规定，郑州市实验小学把教师的"爱之以德"核心素养的衡量标准制定为：爱岗敬业、关爱学生、为人师表。

爱之生情：主要关注教师的教育温情、工作热情、学习激情。这三个维度侧重于内在的教师素养，尝试从工作生活不同角度去评价教师核心素养的发展，使得对教师的评价做到"理性"与"感性"相结合，更符合教师的发展需要。

3.T–BIP评价体系介绍（见表5–2）

表5–2　T–BIP评价量表

核心素养B	个性化指标I	评价标准	评价内容	评价等级
爱之有道	教学专业度 教学艺术 创新能力	1.具务所教课程的相应专业知识，以及将教育理论知识运用到实践的能力 2.能够使学生喜欢教师所教的东西 3.具备创新意识，创新思维，创新行为	1.查阅课堂评价量表得分情况（10分）（附件1） 2.校内外优质课比赛获奖情况（10分） 3.查阅问卷调查得分情况（5分）（附件2） 4.查阅"爱的课程"实施效果评价量表（10分）（附件3）教科研成果（5分）	A.得分≥100，评定为优 B.100>得分≥80，评定为良 C.得分≤80。评定为待改进
爱之有德	为人师表 爱岗敬业 关爱学生	1.语言规范、衣着得体、举止文明、团结同事、尊重家长、遵守相关法律法规 2.认真备课，课后是否认真批改作业 3.关心学生身心健康	1.查阅教师教案（10分） 2.查阅课间值岗以及放学送路队记录表（5分）、班级心理健康教育课上课记录情况（5分） 3.查阅师德考核表（5分）（附件4） 4.查阅教师师德师风问卷调查得分情况（5分）（附件5）	

续表

核心素养B	个性化指标I	评价标准	评价内容	评价等级
爱之有情	教育温情	1.坚持"做好爱的教育"的教学理念 2.热爱工作,并享受工作 3.牢牢树立终身学习的思想	1.查阅调查问卷"教师对教育工作的热爱度"调查结果(10分)(附件6) 2.继续教育以及专业课学习情况(10分) 3.课后反思、听课记录外出学习记录(10分)	
	工作热情			
	学习激情			

　　教师评价体系主要采用可量化的标准对教师进行评价。郑州市实验小学制定各学科课堂评价标准量表、师德考核量表、"爱的课程"实施效果评价量表等,使得评价尽可能可视化,有针对性地促进教师成长。对于师德师风、教学艺术等体现教师内在修养的方面,则采用问卷调查等方式进行评价。多种评价方式相互融合,共同服务于教师核心素养的提升。

　　(1)爱之有道

　　关注教师的专业能力的发展,主要包括教学专业度、教学艺术、创新能力。

　　教师专业度:教师专业度是教师的基本功,所以郑州市实验小学尽可能采用可视化、可量化的方式去评价教师的日常课堂教学能力,制定了不同学科的课堂评价量表(见下列表5-3、5-4)。

表5-3　郑州市实验小学文科课堂教学评价标准

授课教师:_____　　年级:_____　　授课内容:_____　　日期:_____

课堂形态	评价标准	得分
生活情景导入(10分)	1.能联系学生生活实际,吸引学生的注意力 2.能唤起学生学习新知的兴趣,支撑新知教学	
操作与实践(30分)	1.学法的指导有助于教学目标的达成 2.活动设计有助于扎实、有效地落实单元要素 3.能以学生的语文实践为主,体现综合性、开放式语文教育	
变式学习(20分)	1.思想情感的升华符合单元主题,有助于育人目标的达成 2.拓展迁移能帮助学生加深对知识的理解	

127

续表

课堂形态	评价标准	得分
探索与应用 (30分)	1.语用练习设计合理、有效,有利于提高学生的听说读写能力 2.应用所学到的新知、思维方法解决其他问题 3.给学生探索的机会,时间分配合理	
综合素质 (10分)	教师语言、书写规范准确;板书合理有创意;课堂调控能力强	
总得分		
整体评价 (亮点、不足及 建议)		

表5-4 郑州市实验小学理科课堂教学评价标准

授课教师:_____ 年级:_____ 日期:_____

课堂形态	评价标准	得分
生活情景导入 (10分)	1.能引起兴趣,激发学生积极思维 2.支撑新知教学,能有效帮助新知探究	
操作与实践 (30分)	1.活动设计合理,有助于教学目标的达成 2.活动要求清晰、明确 3.活动完成情况良好	
变式学习 (30分)	1.给学生交流的空间,教师能抓住生成,帮助学生自主构建新知 2.设计的活动能帮助学生加深对知识的理解	
探索与应用 (20分)	1.练习题设计有梯度,层次合理,变化多样 2.应用所学到的新知、思维方法解决其他问题 3.给学生探索的机会,时间分配合理	
综合素质 (10分)	教师语言、教师素质、教育机智、板书设计、教学创新等	
总得分		

  学校通过每周一次的听评课活动,对照量表对教师的课堂实施效果进行评价(见表5-5)。

表5-5 "爱的课程"校本课程评价量表

评价手段	一级指标	二级指标	评价内涵	等级	得分
量化评价	课程设计 30分	课程目标	课程目标与学校育人目标具有一致性,包含知识与技能、过程与方法、情感态度与价值观三方面内容,并注重学生核心素养的培养	A:20-30 B:15-20 C:15以下	
		课程内容	课程内容形式丰富、逻辑性强,具有可操作性,与课程目标紧密联系		
	课程实施 40分	课程信息	有具体的教学进度安排,每一节课的学习目标、教学过程、授课时间、授课地点等内容齐全	A:30-40 B:20-30 C:20以下	
		课程资源	对教学参考资料有具体说明并准备齐全		
		课程考核	能够说明课程学习的要求;能够根据课程的特点,为学生学习这门课程提供具体的指导建议 能够向学生说明课程的过程性和终结性评价标准		
质性评价	课程效果 30分	综合评价	由学校课程评价小组成员根据对学生、家长、课程小组成员以及听评课教师的深入访谈(学生对课程的兴趣、课程是否达到了对学生的预期目标等)、参与式观察(听评课、针对目标的前后测数据)等	A:20-30 B:15-20 C:15以下	

每周一次的校本课程进行集体教研,听评课,借助评价结果促进教师的课程建设与改进,提高教师的创新能力。

教学艺术:教师的教育艺术是教师创造性的劳动,教师如果能做到"传道有术、授业有方、解惑有法,课堂教学就会产生事倍功半的效果,让学生在轻松愉快的氛围中掌握知识。因此,学生才是评价教师教学艺术的主体,我们采用问卷调查的方式,对教师的教学艺术进行测评,也为教师提供了改进的方向(见问卷4)。

问卷4 郑州市实验小学学生对教师教学艺术认可度调查问卷

亲爱的同学们:

本问卷为匿名问卷,为了我们共同进步,请大家如实填写。

1.工作认真负责,有很强的敬业精神,能严慈相济,是良师益友( )

A.非常赞同 B.基本同意 C.不赞同

2.关心、尊重每一个学生,不歧视、责骂、讽刺学生( )

A.非常赞同   B.基本同意   C.不同意

3.课程开始教师先进行上节知识点回顾,再引入本节课内容(   )

A.一直如此   B.多数这样   C.偶尔这样

4.教师能否做到教态自然大方、精神饱满、有积极感染力(   )

A.一直如此   B.多数做到   C.偶尔做到

5.教师课堂气氛活跃,与学生互动良好,能关注所有学生(   )

A.一直如此   B.多数做到   C.偶尔做到

6.教师能耐心、负责地解答你的问题吗(   )

A.非常耐心负责 B.多数耐心负责 C.工作总是很忙,很少耐心

7.教师课后是否能主动关心学习方面遇到困难的学生(   )

A.一直做到   B.多数做到   C.从来没有

8.教师是否能够认真批改作业,对作业中存在的问题进行评讲(   )

A.一直做到   B.多数做到   C.从来没有

9.经常深入到学生中帮助、指导学生(   )

A.满意   B.较满意   C.不满意

10.老师们上课是否提供讨论、质疑、探究、合作、交流的机会?(   )

A.经常   B.有时   C从来不

评定标准如下:各小题分三个选项,A选项得5分;B选项得3分;C选项得1分。等级一非常认可:得分35~50;等级二认可:得分25~34;等级三待改进:得分15~24。

学校每学期末面向全体学生开展一次调查问卷,尽可能地对老师的教学艺术进行量化评定,明确改进方向。

创新精神:创新精神可通过教师课堂教学设计、作业设计、教科研成果进行评价。

(2)爱之以德

师德修养在教师素养中居核心地位,同时也是内在素养之一,学校从学校、学生、家长三个主体对教师的师德进行考核,并制定问卷调查和师德考核量表(见问卷5)。

问卷5　师德师风学生问卷调查

亲爱的家长/学生:

您好! 为了我校教师师德师风基本情况,现制定师德师风问卷调查表,请同学们如实回答,您的建议将是我们努力的方向,本次调查不记名,请您放心填写,非常感谢您的配合!

1.教师对您的生活、学习是否关心? [单选题]*

○是

○否

2.教师是否平等对待每一位学生? [单选题]*

○是

○否

3.教师是否会讽刺挖苦学生? [单选题]*

○是

○否

4.教师是否存在变相体罚学生的现象? [单选题]*

○是

○否

5.教师是否存在有偿家教现象? [单选题]*

○是

○否

6.教师是否按时批改作业? [单选题]*

○是

○否

7.教师是否会利用课余时间对学生进行无偿辅导? [单选题]*

○是

○否

8.教授过您的教师中,维护教学秩序,抓好课堂纪律,做好班级管理,严格考勤制度的教师大体比例是 [单选题]*

○95%以上

○85%以上

○75%以上

○65%以上

9.您对我校教师师德师风的总体评价是［单选题］*

○优,即90分以上

○良,即70—89分

○差,即70分以下

10.您在学校师德师风建设上有什么意见或建议：［填空题］*

_____

每学期6月份开展一次针对全校老师、家长、学生三个层次的调查(见表5-6)。

表5-6　郑州市实验小学师德考核量表

项目	分值	扣分要点	自我评分	学生评分	教研组评分	教职工评分	考核组评分	综合得分
依法执教	10分	有违背《教师法》等法律法规的言行,造成不良影响的,视情轻重扣1~10分;经常随意停学生的课扣5分; 布置过多家庭作业,挤占学生休息时间的,扣5分						
爱岗敬业	10分	经常迟到、早退、旷课,视情节轻重扣1~5分;上课擅自离开课堂,一次扣2分;不服从学校工作安排扣5~10分;作业批改不认真扣1~5分						
关爱学生	15分	讽刺、挖苦、歧视、辱骂学生,师生关系紧张视情节扣5~10分;体罚学生扣5~15分,按学生成绩排座位,扣1~5分						
严谨治学	15分	不备课,无教案上课一次扣4分;课堂教学效果差,评教中普遍学生反映不好扣5分;不积极参加学校组织的教研活动,扣5分						
团结协作	10分	散布不良言论,诋毁学校和同事声誉扣5分;不听劝阻,与同事争吵打斗,视情节扣5~10分						
尊重家长	10分	不与家长沟通,视情节扣1~5分;训斥、指责、刁难家长视情节扣1~5分						

续表

项目	分值	扣分要点	自我评分	学生评分	教研组评分	教职工评分	考核组评分	综合得分
廉洁从教	15分	一学期内多次强制向学生推销学习资料,扣5分,组织或参与有偿补课,扣5分;以多种借口向家长索取利益,扣15分						
为人师表	15分	在课堂上吸烟、打手机,一次扣2分;酒后上课,一次扣5分;语言粗俗,违背社会公德,有损教师形象,扣10分,参与封建迷信和邪教活动,扣15分						

每学期进行一次的纸质版师德考核评定,规范教师的教育教学行为。

(3)爱之生情

从教师的理想信念、积极态度、终身学习这三维度去关注。教师是否有积极的态度,可以通过各班内教师是否激励学生积极进取的班级积分量化表、各班班级文化进行评价;终身学习可通过教师平时的继续教育以及专业课学习情况、课后反思以及听课记录外出学习记录进行评价,而理想信念属于个人意志,我们尝试对教师进行教师对教育工作的热爱度调查(见问卷6),以此来关注教师的理想信念是否坚定。

问卷6 教师对教育工作的热爱度调查

1.您对教师职业的满意程度为( )[单选题] *

○ A、很满意 ○ B、基本满意

○ C、不太满意 ○ D、不满意

2.如果您选择终身从教,其原因是( )[多选题] *

○ A、地位和待遇(包括假期和福利)

○ B、喜欢这种工作和生活方式

○ C、能追求并实现自己

○ D、其他

3.每天是否持有良好的心情进入学校( )[单选题]*

○ A、经常有好心情 ○ B、偶尔有好心情

○ C、基本没有好心情　　　　○ D、完全没有好心情

4.在教学生涯中,我感到了自身的价值,体会到了职业幸福感(　　　　)[单选题]*

　　○ A、非常符合　　　　○ B、比较符合

　　○ C、不太符合　　　　○ D、不符合

5.您个人职业发展的最高目标是(　　　　)[多选题] *

　　○ A、教育观念　　○ B、教学经验

　　○ C、专业知识　　○ D、教学反思

　　○ E、教学技能　　○ F、学历层次

　　○ G、教学研究　　○ H、职称层次

　　○ I、人际交往　　○ J、其他

6.您常有学习进修的想法吗(　　　　)[单选题]*

　　○ A、经常有　　○ B、有时有

　　○ C、很少有　　○ D、没有

7.您每学期参加区级及以上教研培训活动次数是(　　　　)[单选题]*

　　○ A、无　　　　　○ B、1-2次

　　○ C、3-4次　　　○ D、5次及以上

8.您平时最主要的专业学习手段是(　　　　)[多选题] *

　　○ A、阅览期刊报纸

　　○ B、参加进修活动

　　○ C、参加教研活动

　　○ D、上网搜索信息

　　○ E、学校组织的业务学习

　　○ F、其他

9.您认为要成长为一个专家教师,以下因素中最重要的是(　　　　)[多选题] *

　　○ A、教育观念　　○ B、教学经验

　　○ C、专业知识　　○ D、教学反思

单选题A选项得5分，其他选项不得分；多选题每选择一项得五分。

每学期开学初和学期末各开展一次针对全校老师的问卷调查，了解教师的工作状态，积极调整工作安排，争取让每一位老师过上幸福完整的教育生活。

(三)学生层面

1.确定S-BIP评价体系依据

国家教育方针规定："教育必须为社会主义现代化建设服务、为人民服务，必须与生产劳动和社会实践相结合，培养德、智、体、美等方面全面发展的社会主义建设者和接班人。"为了全面贯彻党的教育方针，培养学生适应未来发展的核心素养，发挥评价促进学生全面而有个性地发展，推进素质教育的深入实施，结合区品质学生的培养目标，学校制定了品质学生培育目标即：使学生成为懂得爱(爱己、爱人、爱世界)，拥有尊重、包容、向上的品质，学会学习、学会做人、学会生活、学会合作，具有责任感、创新精神、能积极回报社会的现代公民，为学生的全面发展、终身发展奠定基础，争做素质全面、个性鲜明、健康快乐的"实小学子"。我们以此为载体，结合乐学、乐思、乐成长的核心理念将我们学校的学生层面评价体系中的B确定为富有爱心、乐学善思、全面发展这三个方面；又结合我们学校的"爱的课程"体系七大课程板块："爱阅读""爱写作""爱探究""爱创造""爱健康""爱艺术""爱生活"中每一方面的核心素养我们相应确定了I，具体包括：自信自爱、乐于助人、自主学习、勇于探究，多才多艺、热爱劳动，以上六个学生的个性化层面；最后，又针对每一种个性化层面制定了相对的评价维度和评价方式。

2.形成S-BIP评价体系框架（见图5-5）

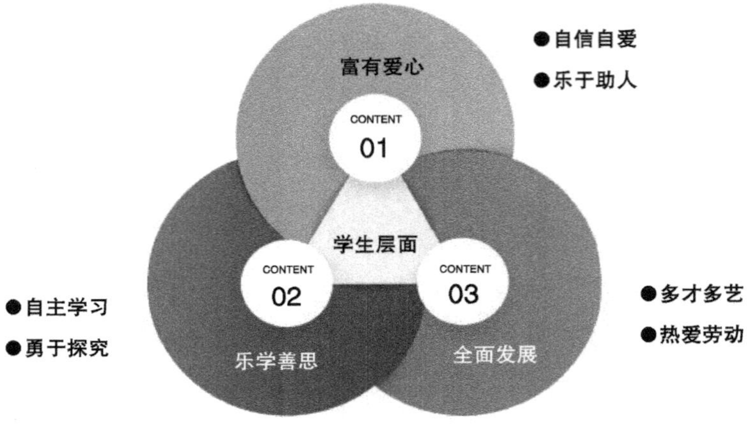

图5-5　学生层面评价体系框架

富有爱心：中国学生发展核心素养全面发展的人中提到学生要具备健全人格，在健全人格中包含积极的心理品质，自信自爱，坚韧乐观等方面。培育品质学生是我区品质教育的核心，基于品质学生希望学生有爱心，有责任，善于思考等方面的要求，我们把学生富有爱心的衡量标准分为注重学生的内在品质要求：自信自爱和外在品质表现：乐于助人两个评价维度。这一维度通过对学生是否善于表达自己、爱护自己以及是否乐于助人进行考察。

乐学善思：主要关注学生的自主学习和勇于探究精神。这一维度通过教师对学生的学习态度和学习习惯进行自主学习的观察，通过学生对自己是否具有好奇心和想象力、是否能够大胆尝试进行自我评价。

全面发展：主要关注学生的德智体美劳发展。这一维度通过教师对学生的艺术特长和欣赏美的意识与能力进行评价，通过家长和同伴对学生的劳动技能和参与劳动情况进行考察。

3.S-BIP评价体系介绍(见表5-10)

表5-7 学生层面评价细则

郑州市实验小学S-BIP评价细则				
核心素养	个性化指标	评价要点	评价方式	评价等级
乐学善思	自主学习	学习态度、学习方式、学习兴趣	查阅乐学善思评价量表(表5-11,12)得分情况	A(5分):能非常好的做到以上内容 B(4分):基本能做到以上内容 C(3分):只能做到一部分内容
	勇于探究	思维意识、思维活动、思维创造		
富有爱心	自信自爱	学习及课堂表现、珍爱自我、人格健全	查阅自信自爱状况调查问卷(表5-13)得分情况	A:43~50分:自信、自爱满满当当 B:31~42分:自信、自爱再提高一点点儿 C:10~30分:自信、自爱加油啦
	乐于助人	慷慨大方、责任感强、热情有爱	查阅乐于助人状况调查问卷(表5-14)得分情况	A:8~12个:表现优秀 B:4~7个:再提高一点点儿 C:1~3个:加油啦
全面发展	多才多艺	热爱程度、坚持时间长短、擅长技能多	查阅全面发展评价量表(表5-15,16)得分情况	A:80分以上,很热爱,能一直坚持,擅长技能多 B:70~80分,比较热爱,能坚持一段时间,有最少两项技能 C:60~70分,一般热爱,不太能坚持,只有一项技能
	热爱劳动	劳动次数、劳动难度		每颗星20分 A:80分以上,每天都坚持劳动 B:70~80分,一半时间能劳动 C:70及以下,几乎不劳动

乐学善思关注学生自主学习能力和勇于探究精神。乐学,即好学,快乐的学习,学生在校,主要任务是学习,但是我们希望学生在学校"做好爱的教育"下不仅能快乐的学习,还能够掌握学习的方式、具备学习的能力。善思,即善于思考。"学而不思则罔,思而不学则殆",体现在学生本身的思维能力以及思考方式。

基于此,我们设计了乐学善思评价量表(见表5-8、5-9),对学生的学习态度、学习方式、学习兴趣、思维意识、思维活动和思维创造六个方面进行评价,从自评、互评和师评三个角度进行评价。由于学生身心发展不同,根据低年级和高年级的学生心理发展和认知特点,我们将评价量表分为低段和中高段,这样评价结果会更加客观。

表5-8　乐学善思评价量表(低段)

班级:_____　姓名:_____　日期:_____

评价项目	评价内容	评价标准	评价方式		
			自评	互评	师评
学习态度	1.我上课能认真听讲 2.老师提问时,我能大声回答	A(5分):能非常好的做到以上内容 B(4分):基本能做到以上内容 C(3分):只能做到一部分内容			
学习方式	1.我会主动复习今天新学习的知识 2.遇到不懂的问题,我会问老师或同学				
学习兴趣	1.我很乐意参加各种学习活动 2.我喜欢阅读课外书				
思维意识	1.我愿意学习新知识 2.我不害怕学习上遇到的难题				
思维活动	遇到问题时,我会积极思考				
思维创造	我可以独立思考问题,提出不同的方法				
综合评价					

备注:70-90分为优秀,66-77分为良好,54-77分为合格

表5-9　乐学善思评价量表(中高段)

班级:_____　姓名:_____　日期:_____

评价项目	评价内容	评价标准	评价方式		
			自评	互评	师评
学习态度	1.上课认真听讲,积极举手发言 2.能保质保量完成作业	A(5分):能非常好的做到以上内容 B(4分):基本能做到以上内容 C(3分):只能做到一部分内容			
学习方式	1.做好课前预习,制定学习计划并能全部落实 2.能和同学进行合作学习,并做好明确分工				
学习兴趣	1.积极参与各项学习活动,乐于接受学习任务 2.积极参与课外实践活动,阅读大量课外读物				
思维意识	1.有强烈的好奇心、求知欲 2.勇于质疑,善于反思,不怕困难				
思维活动	1.善于思考,能提出和别人不同的问题 2.积极尝试,体会思考的过程				
思维创造	1.思维灵活,能从不同角度,用不同的方法解决问题 2.思维独特,对问题有自己新奇独特的想法				
综合评价					

备注:70-90分为优秀,66-77分为良好,54-77分为合格

学校在每学年末对学生进行调查,通过自评、互评和师评,得出本学年的综合评价结果。我们对调查的量表进行收集和数据的汇总,通过对同一届的学生进行持续性的追踪调查,观察学生在乐学善思方面的变化。

富有爱心从学生内隐的精神层面和外显的行动方面出发,关注学生内心世界和外在的行为表现,这是核心素养的基础,也与郑州市中原区品质教育和郑州市实验小学爱的教育理念一致。基于此点,我们设计了问卷7和问卷8,自信自爱和乐于助人都采用了问卷调查的形式,其中在自信自爱里面包含一个量表作为问卷的组成部分,简单操作,方面统计评价结果。问卷调查内容符合学生的生活、学习遇到的事情,能够从不同方面更加全面地反映出学生是否具有这个维度所需要的素质。

一是,自信自爱。

问卷帮助小学生学会正确地认识自我,对自己作客观评价,增强保护意识,具备一定的保护能力,是当前阶段的重要任务。树立对自己的正确认识基础上的自信的生活态度,培养学生肯定自我、悦纳自我的愉快心态,引导学生体验真正的自信自爱。

问卷7 郑州市实验小学学生自信自爱状况调查问卷

亲爱的同学:

你好!

下面一些题目叙述的是发生在你身上的一些事情,每件事情都对应有几种观点,请你根据自己的实际,在圆圈里选出与你的情况最相符或最接近的选项所对应的数字,每个题目后只能选一个选项。

注意:这不是考试,回答时请独立完成,不要和别人讨论。答案没有对错之分,只要是你自己的真实看法就行,本调查的目的在于了解全体学生的一般情况,并不针对某个人,调查结果仅用于研究工作,绝对不会泄露你的任何信息,更不会告诉你们的老师和父母,请你放心回答。不必有什么顾虑。

非常感谢你的配合! 祝你学习进步!

第一部分　你的基本情况

1.姓名:[填空题]*

_____

2.性别:[填空题]*

_____

3.班级:[填空题]*

_____

4.年龄:[填空题]

_____

5.简单来说,你认为自己在自信自爱方面表现如何?(　　　)[单选题]

(1)做得很好　　　(2)做得较好　　　(3)做得一般

(4)做得较差　　　(5)做得很差

第二部分　问卷内容

下面一些题目叙述的是学校或生活中发生在你身上的一些事情,每件事情都对应有5种观点,请你根据自己的实际情况,在圆圈里选出与你的情况最相符或最接近的选项所对应的数字。

评价维度:1代表完全不符合,2代表有点不符合,3代表不确定,4代表有点符合,5代表完全符合

自信维度[矩阵单选题]*

	1	2	3	4	5
1.我认为在学习上,自信心很重要	○	○	○	○	○
2.我在课堂上经常主动发言	○	○	○	○	○
3.我发言时经常声音洪亮	○	○	○	○	○
4.我经常愿意回答难题	○	○	○	○	○
5.我敢于提出质疑	○	○	○	○	○
6.我不敢在课堂上回答问题	○	○	○	○	○

自爱维度［矩阵单选题］*

	1	2	3	4	5
1.我能正确认识自己	○	○	○	○	○
2.我有明辨是非的能力,对不利于自己健康成长的说"不"	○	○	○	○	○
3.我懂得爱惜自己的荣誉,有羞耻感	○	○	○	○	○
4.我有安全意识	○	○	○	○	○

　　自信自爱问卷调查需要在新的一学年的第一个学期对一到六年级采用抽样调查的方式进行调查统计各方面的情况,在第一个学期结束时再次采用同样的调查方式对参加抽样调查的学生再次进行测评根据数据反馈学生各项指标的情况。

　　二是,乐于助人。

　　培养儿童乐于助人的品质是重要的教育目标之一。在心理学中,乐于助人的行为称为利他行为(altruistic behavior)。利他行为是出于自愿的,不期望他人任何回报或奖赏的一种自觉无私、有助于他人和社会的行为。主要包括帮助、安慰、救援、保护别人或与人分享等。问卷8在于了解学生的乐于助人方面的爱心状况,并能及时给予改善措施。

问卷8　郑州市实验小学学生乐于助人状况调查问卷

亲爱的同学：

　　你好！

　　下面一些题目叙述的是发生在你身上的一些事情,每件事情都对应有几种观点,请你根据自己的实际,在与你的情况最相符或最接近的选项所对应的字母填入"(　　　　)"内,每个题目后只能选一个选项。

　　注意:这不是考试,回答时请独立完成,不要和别人讨论。答案没有对错之分,只要是你自己的真实看法就行,本调查的目的在于了解全体学生的一般情况,并不针对某个人,调查结果仅用于研究工作,绝对不会泄露你的任何信息,更不会告诉你们的老师和父母,请你放心回答。不必有什么顾虑。

非常感谢你的配合！祝你学习进步！

第一部分　你的基本情况

1.姓名：[填空题] *

_____

2.性别：[填空题] *

_____

3.班级：[填空题] *

_____

4.年龄：[填空题] *

_____

5.简单来说,你认为自己在助人为乐方面表现如何?(　　　　)[单选题]*

(1)做得很好　　　(2)做得较好　　　(3)做得一般

(4)做得较差　　　(5)做得很差

第二部分　问卷内容

下面一些题目叙述的是学校或生活中发生在你身上的一些事情,每件事情都对应有3种观点,请你根据自己的实际情况,在把与你的观点最一致的选项填入"(　　　)"内。

1.当外班同学向你借用学习用具时,你会借给他(她)吗？ 自评(　　　)互评(　　　)[单选题]

(A)会

(B)视情况而定,认识的就借

(C)一律不借

2. 学校内有废弃物,一位同学正在打扫,你会:自评(　　　) 互评(　　　)[单选题]

(A)主动上前帮忙

(B)装着没看见,绕开走

(C)老师叫我帮忙,我才去

3. 老师将你的座位调到学习较差的同学边,你会:自评(　　　) 互评

(　　　)［单选题］

(A)乐于接受,并主动帮助同桌,使他(她)尽快进步

(B)不会找老师调换,但心里不太高兴,担心会影响自己的学习

(C)不愿意,去找老师调换

4. 在公共汽车上,你会给老人、妇或残疾人让座位吗? 自评(　　)［单选题］

(A)经常让座

(B)有时让座

(C)从来不让

5. 在家中,你帮助家长做家务吗? 自评(　　　) 家长评(　　　)［单选题］

(A)主动承担

(B)家长叫我帮忙,我才去

(C)忙于学习,从不做家务

6. 当您看到其他人帮助别人你会有什么样的感觉? 自评(　　　　)［单选题］

(A)羡慕

(B)没感觉

(C)特虚伪

7. 您会因为有很多旁观者在场,而不愿意或不敢帮助需要帮助的人吗? 自评(　　　)［单选题］

(A)不会

(B)不确定

(C)会

8. 如果朋友向我寻求帮助,你会乐意提供援助吗? 自评(　　　)［单选题］

(A)在能力范围内非常乐意

(B)有时会乐意

(C)不会

乐于助人问卷调查需要在新的一学年的第一个学期对一到六年级采用抽样调查的方式进行调查统计各方面的情况,在第一个学期结束时再次采用同样的调查方式对参加抽样调查的学生再次进行测评根据数据反馈学生各项指标的情况。

关于新时代要求的全面发展下的多才多艺,我们认为可以通过运动类、艺术类、创客类这三类概括出来,既体现了学生的特长类又体现了学生的才智类。问卷调查表设计了学习态度、坚持程度、擅长几项技能这几方面。学习态度是有效学习的重要保障,有一个积极、主动、自觉的学习态度能够激发学生多才多艺方面的学习兴趣。坚持程度决定了学生对运动类、艺术类、创客类活动的成就,坚持时间长这三类活动获得成就就会很大,反之,如果没有坚持下去,这些活动学生就会不精通,甚至等于没有学习。多才多艺就是要擅长多方面的才能和技艺,所以问卷要调查学生擅长的有几项技能(见表5-10)。

表5-10 郑州市实验小学多才多艺问卷表

班级：_____ 姓名：_____ 学号：_____

	学习态度	坚持程度	擅长几项技能
运动类	○热爱 ○不热爱	○能坚持 ○不能坚持	
艺术类	○热爱 ○不热爱	○能坚持 ○不能坚持	
创客类	○热爱 ○不热爱	○能坚持 ○不能坚持	

多才多艺问卷表在每学年结束的时候,以年级为单位,面向全校学生调查一次,为了了解每位学生在这一整个学年当中有没有新学习一些技能。

劳动教育是中国特色社会主义教育制度的重要内容,直接决定社会主义建设者和接班人的劳动精神面貌、劳动价值取向和劳动技能水平。同时劳动教育是"德智体美劳"全面培养教育体系的重要组成部分,将劳动素养纳入学生综合素质评价体系中,能够充分发挥劳动教育的激励和导向功能。针对以上根据不同年级学生年龄差异的、劳动能力差异的特点分年级制定了劳动评价单(见表5-11—15),低年级学生的劳动任务相对少并简单一些,比如日常的扫地、整理书包,年级越高的学生劳动任务逐渐增多,难度也逐渐增加,由最简单的水果拼盘到自己完成一道菜。

表5-11 郑州市实验小学一年级劳动评价单

姓名:_____ 班级:_____ 学号:_____

日 \ 项目	评价内容	评价等级	参加了哪些劳动	自评	家长评
周一	参加扫地	优秀★★★★★ 良好★★★ 合格★★		☆☆☆☆☆	☆☆☆☆☆
				☆☆☆☆☆	☆☆☆☆☆
	整理自己的书包			☆☆☆☆☆	☆☆☆☆☆
				☆☆☆☆☆	☆☆☆☆☆
周二	参加扫地	优秀★★★★★ 良好★★★ 合格★★		☆☆☆☆☆	☆☆☆☆☆
				☆☆☆☆☆	☆☆☆☆☆
	整理自己的书包			☆☆☆☆☆	☆☆☆☆☆
				☆☆☆☆☆	☆☆☆☆☆
周三	参加扫地	优秀★★★★★ 良好★★★ 合格★★		☆☆☆☆☆	☆☆☆☆☆
				☆☆☆☆☆	☆☆☆☆☆
	整理自己的书包			☆☆☆☆☆	☆☆☆☆☆
				☆☆☆☆☆	☆☆☆☆☆
周四	参加扫地	优秀★★★★★ 良好★★★ 合格★★		☆☆☆☆☆	☆☆☆☆☆
				☆☆☆☆☆	☆☆☆☆☆
	整理自己的书包			☆☆☆☆☆	☆☆☆☆☆
				☆☆☆☆☆	☆☆☆☆☆
周五	参加扫地	优秀★★★★★ 良好★★★ 合格★★		☆☆☆☆☆	☆☆☆☆☆
				☆☆☆☆☆	☆☆☆☆☆
	整理自己的书包			☆☆☆☆☆	☆☆☆☆☆
				☆☆☆☆☆	☆☆☆☆☆
周六	参加扫地	优秀★★★★★ 良好★★★ 合格★★		☆☆☆☆☆	☆☆☆☆☆
				☆☆☆☆☆	☆☆☆☆☆
	整理自己的书包			☆☆☆☆☆	☆☆☆☆☆
				☆☆☆☆☆	☆☆☆☆☆
周日 总评	参加扫地	统计各项劳动共计参加次数		☆☆☆☆☆	☆☆☆☆☆
				☆☆☆☆☆	☆☆☆☆☆
	整理自己的书包			☆☆☆☆☆	☆☆☆☆☆
				☆☆☆☆☆	☆☆☆☆☆

表5-12　郑州市实验小学二年级劳动评价单

姓名：_____　班级：_____　学号：_____

日　项目	评价内容	评价等级	参加了哪些劳动	自评	家长评
周一	参加扫地或拖地	优秀★★★★★ 良好★★★ 合格★★		☆ ☆ ☆ ☆ ☆	☆ ☆ ☆ ☆ ☆
	倒垃圾			☆ ☆ ☆ ☆ ☆	☆ ☆ ☆ ☆ ☆
	整理自己的床辅			☆ ☆ ☆ ☆ ☆	☆ ☆ ☆ ☆ ☆
				☆ ☆ ☆ ☆ ☆	☆ ☆ ☆ ☆ ☆
周二	参加扫地或拖地	优秀★★★★★ 良好★★★ 合格★★		☆ ☆ ☆ ☆ ☆	☆ ☆ ☆ ☆ ☆
	倒垃圾			☆ ☆ ☆ ☆ ☆	☆ ☆ ☆ ☆ ☆
	整理自己的床辅			☆ ☆ ☆ ☆ ☆	☆ ☆ ☆ ☆ ☆
				☆ ☆ ☆ ☆ ☆	☆ ☆ ☆ ☆ ☆
周三	参加扫地或拖地	优秀★★★★★ 良好★★★ 合格★★		☆ ☆ ☆ ☆ ☆	☆ ☆ ☆ ☆ ☆
	倒垃圾			☆ ☆ ☆ ☆ ☆	☆ ☆ ☆ ☆ ☆
	整理自己的床辅			☆ ☆ ☆ ☆ ☆	☆ ☆ ☆ ☆ ☆
				☆ ☆ ☆ ☆ ☆	☆ ☆ ☆ ☆ ☆
周四	参加扫地或拖地	优秀★★★★★ 良好★★★ 合格★★		☆ ☆ ☆ ☆ ☆	☆ ☆ ☆ ☆ ☆
	倒垃圾			☆ ☆ ☆ ☆ ☆	☆ ☆ ☆ ☆ ☆
	整理自己的床辅			☆ ☆ ☆ ☆ ☆	☆ ☆ ☆ ☆ ☆
				☆ ☆ ☆ ☆ ☆	☆ ☆ ☆ ☆ ☆
周五	参加扫地或拖地	优秀★★★★★ 良好★★★ 合格★★		☆ ☆ ☆ ☆ ☆	☆ ☆ ☆ ☆ ☆
	倒垃圾			☆ ☆ ☆ ☆ ☆	☆ ☆ ☆ ☆ ☆
	整理自己的床辅			☆ ☆ ☆ ☆ ☆	☆ ☆ ☆ ☆ ☆
				☆ ☆ ☆ ☆ ☆	☆ ☆ ☆ ☆ ☆
周六	参加扫地或拖地	优秀★★★★★ 良好★★★ 合格★★		☆ ☆ ☆ ☆ ☆	☆ ☆ ☆ ☆ ☆
	倒垃圾			☆ ☆ ☆ ☆ ☆	☆ ☆ ☆ ☆ ☆
	整理自己的床辅			☆ ☆ ☆ ☆ ☆	☆ ☆ ☆ ☆ ☆
				☆ ☆ ☆ ☆ ☆	☆ ☆ ☆ ☆ ☆
周日 总评	参加扫地或拖地	统计各项劳动共 计参加次数		☆ ☆ ☆ ☆ ☆	☆ ☆ ☆ ☆ ☆
	倒垃圾			☆ ☆ ☆ ☆ ☆	☆ ☆ ☆ ☆ ☆
	整理自己的床辅			☆ ☆ ☆ ☆ ☆	☆ ☆ ☆ ☆ ☆
				☆ ☆ ☆ ☆ ☆	☆ ☆ ☆ ☆ ☆

表5-13 郑州市实验小学三年级劳动评价单

姓名:_____ 班级:_____ 学号:_____

日＼项目	评价内容	评价等级	参加了哪些劳动	自评	家长评
周一	收拾饭后餐具	优秀★★★★★ 良好★★★ 合格★★		☆☆☆☆☆	☆☆☆☆☆
	洗袜子			☆☆☆☆☆	☆☆☆☆☆
	整理自己的床辅			☆☆☆☆☆	☆☆☆☆☆
	倒垃圾			☆☆☆☆☆	☆☆☆☆☆
周二	收拾饭后餐具	优秀★★★★★ 良好★★★ 合格★★		☆☆☆☆☆	☆☆☆☆☆
	洗袜子			☆☆☆☆☆	☆☆☆☆☆
	整理自己的床辅			☆☆☆☆☆	☆☆☆☆☆
	倒垃圾			☆☆☆☆☆	☆☆☆☆☆
周三	收拾饭后餐具	优秀★★★★★ 良好★★★ 合格★★		☆☆☆☆☆	☆☆☆☆☆
	洗袜子			☆☆☆☆☆	☆☆☆☆☆
	整理自己的床辅			☆☆☆☆☆	☆☆☆☆☆
	倒垃圾			☆☆☆☆☆	☆☆☆☆☆
周四	收拾饭后餐具	优秀★★★★★ 良好★★★ 合格★★		☆☆☆☆☆	☆☆☆☆☆
	洗袜子			☆☆☆☆☆	☆☆☆☆☆
	整理自己的床辅			☆☆☆☆☆	☆☆☆☆☆
	倒垃圾			☆☆☆☆☆	☆☆☆☆☆
周五	收拾饭后餐具	优秀★★★★★ 良好★★★ 合格★★		☆☆☆☆☆	☆☆☆☆☆
	洗袜子			☆☆☆☆☆	☆☆☆☆☆
	整理自己的床辅			☆☆☆☆☆	☆☆☆☆☆
	倒垃圾			☆☆☆☆☆	☆☆☆☆☆
周六	收拾饭后餐具	优秀★★★★★ 良好★★★ 合格★★		☆☆☆☆☆	☆☆☆☆☆
	洗袜子			☆☆☆☆☆	☆☆☆☆☆
	整理自己的床辅			☆☆☆☆☆	☆☆☆☆☆
	倒垃圾			☆☆☆☆☆	☆☆☆☆☆
周日总评	收拾饭后餐具	统计各项劳动共计参加次数		☆☆☆☆☆	☆☆☆☆☆
	洗袜子			☆☆☆☆☆	☆☆☆☆☆
	整理自己的床辅			☆☆☆☆☆	☆☆☆☆☆
	倒垃圾			☆☆☆☆☆	☆☆☆☆☆

表5-14　郑州市实验小学四年级劳动评价单

姓名:_____　班级:_____　学号:_____

日＼项目	评价内容	评价等级	参加了哪些劳动	自评	家长评
周一	洗一件衣服	优秀★★★★★ 良好★★★ 合格★★		☆ ☆ ☆ ☆ ☆	☆ ☆ ☆ ☆ ☆
	参加扫地或拖地			☆ ☆ ☆ ☆ ☆	☆ ☆ ☆ ☆ ☆
	清洁灶台			☆ ☆ ☆ ☆ ☆	☆ ☆ ☆ ☆ ☆
	整理衣柜			☆ ☆ ☆ ☆ ☆	☆ ☆ ☆ ☆ ☆
周二	洗一件衣服	优秀★★★★★ 良好★★★ 合格★★		☆ ☆ ☆ ☆ ☆	☆ ☆ ☆ ☆ ☆
	参加扫地或拖地			☆ ☆ ☆ ☆ ☆	☆ ☆ ☆ ☆ ☆
	清洁灶台			☆ ☆ ☆ ☆ ☆	☆ ☆ ☆ ☆ ☆
	整理衣柜			☆ ☆ ☆ ☆ ☆	☆ ☆ ☆ ☆ ☆
周三	洗一件衣服	优秀★★★★★ 良好★★★ 合格★★		☆ ☆ ☆ ☆ ☆	☆ ☆ ☆ ☆ ☆
	参加扫地或拖地			☆ ☆ ☆ ☆ ☆	☆ ☆ ☆ ☆ ☆
	清洁灶台			☆ ☆ ☆ ☆ ☆	☆ ☆ ☆ ☆ ☆
	整理衣柜			☆ ☆ ☆ ☆ ☆	☆ ☆ ☆ ☆ ☆
周四	洗一件衣服	优秀★★★★★ 良好★★★ 合格★★		☆ ☆ ☆ ☆ ☆	☆ ☆ ☆ ☆ ☆
	参加扫地或拖地			☆ ☆ ☆ ☆ ☆	☆ ☆ ☆ ☆ ☆
	清洁灶台			☆ ☆ ☆ ☆ ☆	☆ ☆ ☆ ☆ ☆
	整理衣柜			☆ ☆ ☆ ☆ ☆	☆ ☆ ☆ ☆ ☆
周五	洗一件衣服	优秀★★★★★ 良好★★★ 合格★★		☆ ☆ ☆ ☆ ☆	☆ ☆ ☆ ☆ ☆
	参加扫地或拖地			☆ ☆ ☆ ☆ ☆	☆ ☆ ☆ ☆ ☆
	清洁灶台			☆ ☆ ☆ ☆ ☆	☆ ☆ ☆ ☆ ☆
	整理衣柜			☆ ☆ ☆ ☆ ☆	☆ ☆ ☆ ☆ ☆
周六	洗一件衣服	优秀★★★★★ 良好★★★ 合格★★		☆ ☆ ☆ ☆ ☆	☆ ☆ ☆ ☆ ☆
	参加扫地或拖地			☆ ☆ ☆ ☆ ☆	☆ ☆ ☆ ☆ ☆
	清洁灶台			☆ ☆ ☆ ☆ ☆	☆ ☆ ☆ ☆ ☆
	整理衣柜			☆ ☆ ☆ ☆ ☆	☆ ☆ ☆ ☆ ☆
周日总评	洗一件衣服	统计各项劳动共计参加次数		☆ ☆ ☆ ☆ ☆	☆ ☆ ☆ ☆ ☆
	参加扫地或拖地			☆ ☆ ☆ ☆ ☆	☆ ☆ ☆ ☆ ☆
	清洁灶台			☆ ☆ ☆ ☆ ☆	☆ ☆ ☆ ☆ ☆
	整理衣柜			☆ ☆ ☆ ☆ ☆	☆ ☆ ☆ ☆ ☆

表5-15　郑州市实验小学六年级劳动评价单

姓名:_____　班级:_____　学号:_____

日＼项目	评价内容	评价等级	参加了哪些劳动	自评	家长评
周一	参加扫地或拖地	优秀★★★★★ 良好★★★ 合格★★		☆ ☆ ☆ ☆ ☆	☆ ☆ ☆ ☆ ☆
	做一道菜			☆ ☆ ☆ ☆ ☆	☆ ☆ ☆ ☆ ☆
	洗衣服			☆ ☆ ☆ ☆ ☆	☆ ☆ ☆ ☆ ☆
	清洁灶台			☆ ☆ ☆ ☆ ☆	☆ ☆ ☆ ☆ ☆
周二	参加扫地或拖地	优秀★★★★★ 良好★★★ 合格★★		☆ ☆ ☆ ☆ ☆	☆ ☆ ☆ ☆ ☆
	做一道菜			☆ ☆ ☆ ☆ ☆	☆ ☆ ☆ ☆ ☆
	洗衣服			☆ ☆ ☆ ☆ ☆	☆ ☆ ☆ ☆ ☆
	清洁灶台			☆ ☆ ☆ ☆ ☆	☆ ☆ ☆ ☆ ☆
周三	参加扫地或拖地	优秀★★★★★ 良好★★★ 合格★★		☆ ☆ ☆ ☆ ☆	☆ ☆ ☆ ☆ ☆
	做一道菜			☆ ☆ ☆ ☆ ☆	☆ ☆ ☆ ☆ ☆
	洗衣服			☆ ☆ ☆ ☆ ☆	☆ ☆ ☆ ☆ ☆
	清洁灶台			☆ ☆ ☆ ☆ ☆	☆ ☆ ☆ ☆ ☆
周四	参加扫地或拖地	优秀★★★★★ 良好★★★ 合格★★		☆ ☆ ☆ ☆ ☆	☆ ☆ ☆ ☆ ☆
	做一道菜			☆ ☆ ☆ ☆ ☆	☆ ☆ ☆ ☆ ☆
	洗衣服			☆ ☆ ☆ ☆ ☆	☆ ☆ ☆ ☆ ☆
	清洁灶台			☆ ☆ ☆ ☆ ☆	☆ ☆ ☆ ☆ ☆
周五	参加扫地或拖地	优秀★★★★★ 良好★★★ 合格★★		☆ ☆ ☆ ☆ ☆	☆ ☆ ☆ ☆ ☆
	做一道菜			☆ ☆ ☆ ☆ ☆	☆ ☆ ☆ ☆ ☆
	洗衣服			☆ ☆ ☆ ☆ ☆	☆ ☆ ☆ ☆ ☆
	清洁灶台			☆ ☆ ☆ ☆ ☆	☆ ☆ ☆ ☆ ☆
周六	参加扫地或拖地	优秀★★★★★ 良好★★★ 合格★★		☆ ☆ ☆ ☆ ☆	☆ ☆ ☆ ☆ ☆
	做一道菜			☆ ☆ ☆ ☆ ☆	☆ ☆ ☆ ☆ ☆
	洗衣服			☆ ☆ ☆ ☆ ☆	☆ ☆ ☆ ☆ ☆
	清洁灶台			☆ ☆ ☆ ☆ ☆	☆ ☆ ☆ ☆ ☆
周日总评	参加扫地或拖地	统计各项劳动共计参加次数		☆ ☆ ☆ ☆ ☆	☆ ☆ ☆ ☆ ☆
	做一道菜			☆ ☆ ☆ ☆ ☆	☆ ☆ ☆ ☆ ☆
	洗衣服			☆ ☆ ☆ ☆ ☆	☆ ☆ ☆ ☆ ☆
	清洁灶台			☆ ☆ ☆ ☆ ☆	☆ ☆ ☆ ☆ ☆

　　每张劳动评价单要求学生从周一至周六进行劳动活动,并做好相应

的记录，由于年龄差异的不同，每个年级学生劳动的项目多少和难度会有不同。

　　"爱的教育"STS-BIP质量评价模型，从学校、教师、学生3个层面，8个维度21个基本要点，对学校课程建设工作进行全方位评价的同时，也促进着学校教育教学制度的完善、学生的全面发展和教师的专业成长。

第六章　以爱润泽：
　　　　助力教师幸福成长

一、专业发展成就"爱的"教师

（一）教师专业发展，成就专业成长

百年大计，教育为本。给学生一碗水，教师要有一桶水。在现代教育理念下，教师具有的应该不能是一桶死水，而是一湾源源不断的活水。在教师成长的整个过程中，实际上就是不断学习、不断吸收、不断成长进步的过程，整个职业生涯的发展过程就是逐步走向专业、走向成熟的过程。教师专业化成长是教师个体不断更新知识结构，增长专业能力的过程。

教师专业发展是指教师内在专业结构不断更新、演进与丰富，成为成熟专业人员的过程。主要指专业知识与技能技巧的丰富与娴熟，专业信念与理想的坚持与追求，专业情感与态度的深厚与积极，教学风格和品质的独特与卓越。

根据《中共中央关于制定国民经济和社会发展第十四个五年规划和二○三五年远景目标的建议》，自2013年，中原区提出品质教育，即培育品质学生、培养品位教师，打造品牌学校。郑州市实验小学针对品位教师的培养提出了目标：坚持以生为本的教育理念，增强课程意识，提升专业素养，提高教学品质，做一名懂得爱（爱生、爱校、爱教育），有学识、有修养、有境界、有能力、有激情的教师。加强师德师风建设，成为具有教育情怀的教师；提高课堂教学能力，成为教学质量过硬的教师；参与课程规划实施，成为专业素养过强的教师；提升专业研究能力，成为具有教育思想的教师。

（二）教师队伍现状

1.基本情况

郑州市实验小学自2016年建校，目前已拥有64名在职教师，教师队伍年轻化，学历高，职称发展均衡。其中40岁以下教师占78%，本科以上学历的教师占83％,中级以上教师占35%,结构均衡,发展潜力巨大(见图6–1、6–2、6–3)。

这是一支年轻活力、积极热情的教师队伍,青年教师是新时代下培育出的人才,具有扎实、全面的文化理论基础,具有较强的创新、开拓能力,充满热情,有干劲,对学生的教育、引导经常给予科学、客观指导。在教学方法上,青年教师具备先进的教育理念和教学技法,运用灵活多变的教学思路,将传统的授课式课堂与新颖的实践经验操作课堂相结合,让学生们理论结合实际,轻松直观地掌握所学知识。

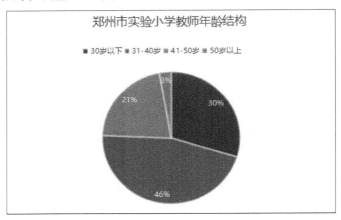

图6–1　郑州市实验小学教师年龄结构

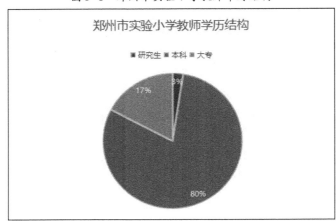

图6–2　郑州市实验小学教师学历结构

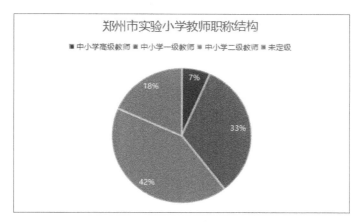

图6-3 郑州市实验小学教师职称结构

2.现状分析

经过对上述资料的统计和分析,郑州市实验小学教师队伍整体素质处于中游状态,教师队伍的结构较为合理,人才发展空间较宽。但是我们必须清醒地看到,作为一所小学,校园文化必须形成学校精神风貌必须升华,虽然教师工作热情较高,态度也很端正,但他们的专业知识、专业技能、专业素养有待提高。

一是师专业化水平不平均,专业引领能力弱,没有形成专业发展梯队,校本研修效益低。是学校管理的难题,也是对教师专业发展的挑战。

二是各学科缺少专家型教师,专业水平比较低下,影响同伴互助,当然也就影响教师的专业成长。

三是学校缺少对教师自我规划的引领和指导,学校培训的形式不能有效激发教师的学习热情。教师学习途径单一,缺乏自我研修能力。

四是师德建设有待大力提高和加强,知识传授成分较大,师德影响教育不够深入。整个教师群体自我成长要求不断降低出现职业倦怠现象,精神成长更需要引领、构建。

(三)左璜团队对郑州市实验小学教师能力的诊断指导

2019年,郑州市实验小学与华南师范大学以左璜教授为引领的专家团队开展"以核心素养为本的郑州市实验小学课程体系建设与学校整体变革创新实验项目"，由全校教师共同参与，共同学习，扎实每一位教师的专业理论水平。

在项目初期，左璜教授对我们学校的教师能力等方面进行了专业的诊断（见图6-4、6-5、6-6、6-7、6-8）。

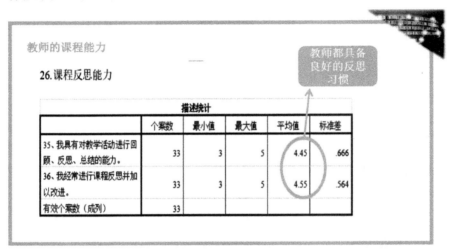

图6-4　教师课程能力诊断(1)

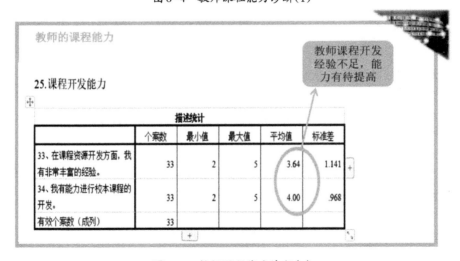

图6-5　教师课程能力诊断(2)

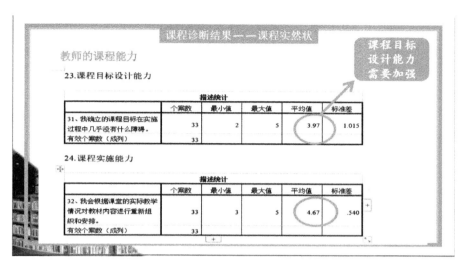

图6-6 教师课程能力诊断(3)

图6-7 教师课程能力诊断(3)

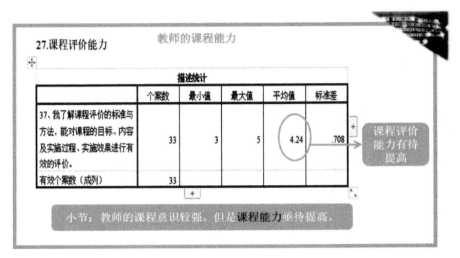

图 6-8　教师课程能力诊断(4)

由此可见,教师在课程目标设计能力、课程实施能力、课程开发能力、课程评价意识、课程评价能力等教师专业技能和专业知识方面都存在明显不足。

二、"爱的教育"教师专业成长课程体系

为推进郑州市实验小学教师专业化发展,在左璜教授的指导下,对教师各方面能力进行了专业的诊断,从而全面深刻地了解了教师专业技能和专业知识等方面的现状。

基于国家"四有"好老师的标准,围绕中原区区品位教师的要求,聚焦郑州市实验小学的办学理念制定出培养教师的总目标:懂得爱(爱生、爱校、爱教育),有学识、有修养、有境界、有能力、有激情。

根据郑州市实验小学教师专业发展现状,结合培养教师的总目标,郑州市实验小学设计了爱LOVE教师专业成长课程体系:专业师德修养类课程、专业能力素养类课程、专业研究修炼类课程。力图通过这一课程体系实现郑州市实验小学教师的专业成长。

(一)课程目标

一是通过专业师德修养类课程,树立教师坚定的理想信念,忠诚党和人民的教育事业,有明确的职业发展目标;懂得教育是一种需要奉献的职业,系统做好职业生涯规划;进一步规范教师职业道德,加强师德师风建设,成为具有教育情怀的教师。

二是通过专业能力素养类课程,教师的组织与管理能力得以提升;规范教师的教学范式,促成课堂形态的落地,提高课堂教学能力,成为教学质量过硬的教师;组织引领教师进行课程研发,参与课程规划实施,成为专业素养过强的教师。

三是通过专业研究修炼类课程,组织教师进行经典阅读与理论学习,提升教师信息技术融合能力,鼓励教师积极参与课题申报与研究,提升专业研究能力,成为具有教育思想的教师。

(二)课程内容

课程分成三大类:专业师德修养类课程、专业能力素养类课程、专业研究修炼类课程。

1.专业师德修养类课程

专业师德修养类课程由坚定理想信念、职业道德修养、怀仁爱之心育人组成(见表6-1)。

表6-1 专业师德修养类课程

类别	课程名称	课程内容
专业师德修养类课程	坚定理想信念	国家意识与国际视野
		教育理想与教师角色
		教师职业生涯规划
	职业道德修养	道德榜样与行为示范
		集体意识与学校建设
		法律意识与依法执教
	怀仁爱之心育人	以人为本尊重学生

续表

类别	课程名称	课程内容
		关爱学生与严格要求
		处事公正一视同仁

2.专业能力素养类课程

专业能力素养类课程由教学组织与管理、规范教学范式、课堂形态的落地、课程研发组成(见表6-2)。

表6-2　专业能力素养类课程

类别	课程名称	课程内容
专业能力素养类课程	教学组织与管理	日常管理的内容与方法
		教学环境建设的内容与方法
		活动的设计与实施
		学生学习指导的方法
	规范教学范式	教师教学范式的基本类型与特点
		范式对教师教学的影响
		优秀教学范式案例分享
	课堂形态的落地	学生发展核心素养与教育教学
		教学活动遵循学生身心发展特点
		教育改革新动态
	课程研发	校本课程建设与开发原理
		人工智能与教育变革
		课程资源的获取与再加工

3.专业研究修炼类课程

专业研究修炼类课程由信息技术融合探索、课题申报与研究、经典阅读与理论学习组成(见表6-3)。

表6-3　专业研究修炼类课程

类别	课程名称	课程内容
专业研究修炼类课程	信息技术融合探索	教育信息化与教育教学
		数字教育资源建设与应用
		信息技术与学科融合的典型案例
	课题申报与研究	创建教师学习共同体
		同伴合作与教师专业发展

类别	课程名称	课程内容
		课题申报与研究的实践分享
	经典阅读与理论学习	教师专业阅读
		优秀教师专业反思
		教师专业阅读交流

(三)课程实施

1.专业师德修养类课程实施

每周一次政治学习:结合实例对青年教师进行敬业、奉献精神的熏陶。具体内容如下:一是用名师先进事迹来感染教师,二是寻找身边的典型人物来影响青年教师。

每学期至少组织一次文体活动:通过丰富多彩的活动拉近人与人之间、心与心之间的距离,增强教师的凝聚力、向心力及职业认同感。具体内容如下:一是各种棋类、球类比赛,二是教工运动会、新年会演、课间健身操等,三是"梦起航 心飞扬"艺术节系列活动。

学校每学年邀请校外知名专家进行一次以"教师职业道德"及"教师职业生涯规划"为主题的专题讲座。

2.专业能力素养类课程实施

每月一次优秀班主任分享交流。学校开设"实小讲坛",从班级管理、教育教学、班级文化建设、书香班级建设等多个角度,分享优秀的方法策略、感触感想等,为班主任教师搭建展示平台,提高班主任组织管理和教育能力。

郑州市实验小学每学期初组织全体教师进行校本教研,明确学期教研计划,并制定自己每周的教研方案。通过校本教研的方式,推动学校特色课程的建设工作。

每位教师每周一参加一次集体磨课、听课、评课活动,旨在促进青年教师尽快成长。具体做法如下:一是学校在每学年初组织师徒结对子活动,选派骨干教师担任师傅,负责一对一传帮带;二是师徒集体备课,师傅上示范课，徒弟跟班听课；三是师徒集体备课，师傅指导徒弟上课，徒弟参加学校组织的"比武赛课"活动；四是期末对"师父"的工作表现及青年教师的成长成绩进行考核、评比。

间周一次线上政治理论及专业知识的学习。学校建设校园网，开展网上培训，来提高广大教职工的政治觉悟、师德修养及业务理论水平和能力。

与名校合作开展每月一次的校本教研培训活动。旨在提升教师的专业素养，进一步促进教师队伍的专业发展。具体做法如下：一是学校与清华附小合作，成为河南省首个清华附小互联网合作学校，参与清华附小的线上、线下教学教研活动；二是派驻老师前往清华附小跟岗学习，跟随专家教师，提升专业理论知识；三是学校与伊河路小学签订教学联动方案，建立学科教研联组，合作开展校本教研、校本培训等活动；四是学校与专家团队开展《以核心素养为本的郑州市实验小学课程体系建设与学校整体变革创新实验项目》，由全校教师共同参与，共同学习研讨，推动教师的课程能力。

3.专业研究修炼类课程实施

每学期学校组织教师参加"信息技术能力提升工程2.0"的研修。

建立"阅读者联盟"，每日阅读打卡，每季度读书分享交流。旨在推动教师专业阅读，引导教师学习经典。

学校每月组织开展一次"教育科研课题的申报及研究"的专题培训，培训由专家主讲、教育，全体教师参加培训。

4.教师专业成长课程表（见表6-4）

表6-4　郑州市实验小学教师专业成长课程表

课程类别	课程名称	培训时间	培训形式
专业师德修养类课程	坚定理想信念	每学年1次	专题讲座
	职业道德修养	每周1次	专题讲座、会议、自学
	怀仁爱之心育人	每周1次	会议、自学
专业能力素养类课程	教学组织与管理	每月1次	座谈交流
	规范教学实施	每周1~2次	师徒结对、校本教研
	课堂形态的落地	每周1次	专业阅读、校本教研
	课程研发	每周2次	集体教研、校本课程

课程类别	课程名称	培训时间	培训形式
专业研究修炼类课程	信息技术融合探索	每月1次	网络学习
	课题申报与研究	每周1次	座谈交流
	经典阅读与理论学习	每天	阅读打卡

（四）课程评价

学校会加强对培训过程的检查和督促，每学期考核若干次，定期表彰优秀教师，确保培训和任务的完成。

三、"爱的教育"专业能力素养课程的研发培训

在学校搭建的爱LOVE教师培训课程中，老师的专业能力得到了提升。下面就以教师专业能力素养课程为例，具体谈一谈。

（一）"爱的教育"教学组织与管理

要想达到好的教学效果，有效的组织与管理非常有必要。

学校通过开展班主任培训和师徒结对活动，提高新上岗教师的组织管理能力。在培训中骨干教师交流自己在管班和教学中的经验，其中不乏一些充满爱的智慧的小妙招；在师徒结对活动中，徒弟跟班备课、听课学习，掌握常规教学基本功，徒弟每节课要先听师傅怎么上自己再上，不仅仅学习备课，还要学习如何组织课堂，并学会撰写课后反思、教学案例或教学故事等，在教学过程中必须不断进行反思，做到一课一个小反思；通过持续的教学反思提高自身的专业素质。

附6-1：

让每一个生命绽放美丽
——班干部的管理与培养
谷静娴

一个班的集体面貌如何，很大程度上是由小干部决定的。小干部对班

集体有着"以点带面"的作用，他们是"班主任的左右手"，所以唯有慎重选拔和培养干部队伍，班主任工作才能逐渐从繁重走向简单与轻松。下面，我谈一下在班干部选拔和培养上的一些做法。

一、班级岗位的设置，各尽其职

我首先会给每个想展示的学生机会，给他们去管理不同的事情，如扫地、收发作业等。从中我会挑选出一批工作认真负责的学生给这些学生进行岗位设置。学校提供的岗位有中队委8名，小组长8名，我又另设了一些岗位(幻灯片出示)大家看，这就是这些岗位以及他们的职责。

(一)班长和副班长

1.协助老师处理班级事务。提醒各个班干部及时履行职责。

2.老师不在时由班长代行班主任职权，主持管理班上纪律和工作。

3.负责监督、登记自习、课间、课堂的纪律情况。

(二)纪律委员

1.负责监督、登记早读、自习、课间、课堂的纪律情况。(分组登记)

2.每节课上课前提醒同学进班，准备学习用品，铃响必须要求静息。

(三)领读

早上8:30准时开始领读，认真安排、组织早读。制止不认真读书的现象，做好记录。

(四)劳动委员

1.负责及时安排每天值日，并监督、检查、登记值日情况。课间巡视教室卫生。

2.每次大扫除时，进行检查、监督，等待学校检查，最后离开。

(五)文艺委员

负责每周一早上领歌，组织同学参加各种文娱活动。

(六)体育委员

1.大集合和课间操时负责整队和纪律。

2.组织同学按时站队放学，做到队伍快速，安静、整齐。对违纪同学做好记录。

（七）学习委员

1.检查监督上课时的纪律情况和带书情况,对不带书者记录名字。

2.对每次作业出错的学生给予帮助。

（八）语、数小组长

1.负责收本组作业本,登记每次交作业情况,并及时告诉相应的科代表。

2.及时发放各科作业本和其他物品。

（九）语、数课代表

负责把收好的语、数作业交给老师,并及时把批改后的作业抱回,发给组长。

（十）值日组长

1.负责及时安排本组当天值日,监督检查组员值日情况。

2.值日做好记录每周总结。

（十一）文明监督调解

1.制止课间打闹和不文明行为,有权对不听劝告和屡禁不止的同学做好记录。

2.调节同学之间的矛盾。

（十二）花草管理员

负责给班级的绿萝浇水、修剪。

（十三）红领巾佩戴监督员

负责监督检查学生红领巾和小黄帽佩戴情况。

工作岗位的细化,能够让更多孩子得到锻炼,从中也能发现不少能力强的学生。大家的工作都不多也有更多精力和时间用在学习上,一、二年级由老师指定班干部,三、四年级可以让孩子参加竞选(幻灯片),这些图片是以前我在教中年级时在班级开展的竞选演说。

二、把学生培养成岗位能手

岗位设置好了,下一步就是要经过各种培养,才能做好工作,较好地完成自己的任务,我是从三方面入手给班干部传授方法的。

1."扶着走"

"扶着走"的关键是抓好"第一次"。第一次组织早读,第一次带领学生劳动等,在"第一次"钱,班主任要告诉领读员内容并组织早读,个别同学学习有问题要耐心解答,对纪律有问题的同学要先暗示,后提醒,最后记录。

2."领着走"

班干部有一些工作实践经验以后,班主任可在各种具体工作之前,请小干部提前设想,提前安排,自己充当参谋。

3."放开走"

班干部有了一定工作能力后,班主任应放手让他们大胆地工作。班主任可定期召开班干部例会,让班干部互相交流经验。(幻灯片)

三、班干部工作监督与评价。

班干部不是一当就是一学期,每月可安排一节班会课对班干部进行民主评价,由班主任和全班同学对班干部进行评价,认真负责及时完成各种监督工作的班干部要继续留任,反之则被淘汰,重新推选合适的班干部。

总之,在低年级班干部培养上老师要多花一些信息,不断尝试、创新,这样不仅培养了孩子,解放了自己,更重要的是,它会成为我们班集体带来意想不到的收获。

附6-2:

师徒结对活动心得
杨婕妤

作为一名新上岗教师,每节课前我的心情常常是忐忑的,担心我讲的方法不适合学生,学生听不懂;担心哪个小调皮在课堂上说话、玩东西影响听讲⋯⋯幸好学校为我们搭建了师徒结对的平台,我有幸拜耿彩霞老师为师傅,每次讲课前可以提前一天听听师傅的课,真的让我受益匪浅,下面说说我的一些感想:

一、对数学课堂教学有了新的认识

在每个教学过程中,耿老师所设计的教学环节都很恰当、合理、朴实,多媒体教学和老师优美幽默的语言更是给课堂增添了活力,并激发了学生学习兴趣。同时,老师注重以学生为本,通过引导的数学问题和激励的数学语言给了学生很大的自主探索的空间,不断获得新知识,同时也培养各种探究能力,从而也体现了学习乐趣,瞬间让我感觉到数学课原来可以这样活力四射、思维碰撞;并且耿老师在引导学生探究知识的同时也注意数学思想方法的渗透,这些都是值得我学习和借鉴的。如《除数是整数的小数除法》中,通过"单位换算和积的变化规律"计算的方法渗透了转化思想;借助整数除法解决小数除法,然后类比不同点来深刻理解小数点的位置,再到总结出商和被除数的小数点对齐,渗透出类比思想。

通过从耿老师课堂上所吸收的一些教学技能及课堂教学的经验和感悟,我对数学课堂教学也有了一个新的认识,数学课就是三件事:用数学眼光看、用数学思维想、用数学语言说也就是以思维探索为对象,强调以思考入手,放眼看周围世界,培养学生的数学思维能力。也就是说我们要让学生用眼睛去观察,动脑筋去思考,帮助他们拓宽思维的宽度和深度,挖掘他们潜在的创新思维。

二、重新认识了自我

通过跟师傅学习使我的思想有了一个新的转变,作为一位数学教师,必须具有渊博的数学知识,熟练的操作技能,良好的思维品质。在数学的探究过程中,教师不能再把数学知识的传授作为自己的主要教学任务和目的,也不再把主要精力花费在检查学生对知识掌握的程度上,而是成为学习共同体中的成员,在问题面前教师和孩子们一起思索、寻找答案,在探究数学的道路上教师成为学生的伙伴和知心朋友,做好学生的心理建设,多鼓励,多赞美,树立积极的学习态度,先慢慢地爱上数学引导人,再慢慢爱上数学。

三、数学基本技能有了一次质的飞跃

通过跟师傅学习,让我了解了如何较好地进行数学思维教学,我想到了"真学、深学、善学"这三个词。首先"真学让学习发生",很多时候我们的学生不愿多动脑思考是因为没有合适的情景作为学习环境,去提高学生的思维能力。所以首先要给学生创造真实情境、提出真实问题这样的适合思考的环境,在合适的思维环境,教师注重交流的内容而不只是结果的正确性。然后"深学让学习主动",只有在不断的主动练习中,学生的思维能力才会真正不断提高。最后"善学"通过激发孩子积极的数学思维,让学生都能找到自己的定位,真正喜欢上数学课堂。

作为一线新上岗数学教师,非常感谢学校给我一次这样的学习机会,我会加倍努力,在以后的教育教学中勤于思考,善于分析,提高自己的数学教学水平!

(二)规范"爱的教育"教学实施

1.学校业务骨干先行研究

学校课程建设只有落实到课堂,被学生接受进而成为学生的知识能力和情感态度,才能转化为现实的教育教学效果,才意味着实现了课程建设的目标。为此,学校业务领导和骨干教师一起探索制定基于标准的教学设计模板、课堂时长分配、作业设计,为教师备课、上课和布置作业提供抓手。

基于标准的教学设计模板(见表6-5):

一篇规范的教案必须是基于标准的教学设计,其中必须包含教材来源、内容来源、主题、课时、授课对象、设计者、目标确定的依据、学习目标、评价任务、学习过程等。

表6-5:郑州市实验小学基于标准的教学设计模板

《   》教学设计

教材来源:

内容来源:

主　　题:

课　　时:

授课对象:

设　计　者:

目标确定的依据:

1.课程标准的相关内容

2.教材分析

3.学情分析

学习目标:

评价任务:

学习过程:

教学环节	教师的教	学生的学	设计意图

课堂时长分配(见表6-6):

一节规范的课堂流程必须是高效的课堂,老师教得好,学生吃得饱。为此,我们制定了"5+20+10"的课堂时长分配,指的是5分钟的预习作业交流、20分钟的新授课、10分钟的巩固练习。在规范的课堂流程中,教学活动井然有序,水到渠成。

表6-6 郑州市实验小学预学学案

温故知新	
新知探究	
巩固练习	

作业设计(见表6-7、6-8、6-9):

为了更好地落实国家"双减"政策,转变老师观念,让每个学生在校内能够学得会、学得好、学得足,达到"减负增质"的目标,全体教师从三类作业入手进行作业规范化:学科作业、项目化作业和社会实践作业。学科作业严格按照课标要求,以尊重学科特点为主要原则,除了基础知识的训练还强调知识的理解、运用以及单元范围内的知识联结。项目化作业是为了克服单科知识的局限,让学生运用多学科知识解决生活中的问题。社会实践作业让学生走出校门,在实践中锻炼综合能力。

表6-7 郑州市实验小学学科作业单

学科		年级	
日期		星期	
课题		设计者	
目标			
分层要求			
建议用时	_____分钟		
作业内容			

表6-8 郑州市实验小学项目化作业设计

项目名称			
项目来源		项目时长	
涉及学科		适用年级	
设计者			
项目简述			
项目目标	1.价值体认: 2.责任担当: 3.问题解决: 4.创意物化:		
驱动性问题及要求	1. 2. 3. ……		
活动方式	1.考察探究;2.社会服务;3.设计制作;4.职业体验 (用到哪个写哪个)		

	项目	评价细则 (根据自己的活动要求细化内容)	综合评价		
			优秀	良好	加油
评价量表	态度	求知、交往等方面			
	能力	1.运用能力方面			
		2.交流、合作能力方面			
		3.解决问题的能力方面			
		4.创新能力方面			
	成效	成果与反思			
作业成果	(可附页)				

表6-9 郑州市实验小学社会实践作业设计

活动名称			
活动地点		活动时长	
参与人数		适用年级	
设计者			
活动简述			
活动目标			
活动任务	1. 2. 3.		
活动过程	活动前 活动中 活动后		
能力评价			
活动成果	(可附页)		

2.通过校本教研,对老师进行培训

学校各个学科主管领导及学科主任,利用每周固定教研,对老师们进行教学设计、课堂教学、作业设计等全方位的细致培训,培训后让老师们付诸行动,再对这些内容进行评价、提出建议,达到逐步完善。

校领导带领团队教研

基于标准的教学设计培训现场

校领导进行教师作业设计培训

教师集中教研，进行课堂观察

附6-3:

基于标准的"条形统计图"教学设计

雒贺

教材来源:义务教育教科书小学数学/人民教育出版社2013年版

内容来源:小学四年级数学(上册)第七单元

主　　题:条形统计图

课　　时:第1课时

授课对象:四年级学生

设 计 者:雒 贺/郑州市实验小学

目标确定的依据

课程标准的相关内容:

1.经历简单的数据收集和整理过程,了解数据收集的简单方法,并能用图呈现整理数据的结果。

2.通过对数据的简单分析,体会运用数据进行表达与交流的作用,感受数据蕴涵信息。

教材分析:

"条形统计图"是义务教育教科书(人教版)四年级上册第七单元第一课时的内容。

教材充分利用学生已有的学习经验,让学生通过观察某个月的天气情况,利用统计表、象形图进行统计后,再呈现条形图,通过将三者进行对比,感受条形图(1格代表1个单位)的特点,并让学生通过统计感受到当数据增大时,1格表示1个单位就不方便了,因此例题2突出了"以一当二"的条形统计图的必要性及其特点。

同时,教材为了培养学生的数据分析观念和应用意识,培养数据分析观念,因此创设了贴近生活的情境,让学生完整地经历收集数据、整理数据和分析数据的过程,逐步学会提出用数据表达问题,通过与统计表、象形图的对比以及不同条形图的对比,让学生进一步认识到条形图的特点。

学情分析：

在第一学段，学生已经初步经历了简单的数据整理过程，能够用象形图、统计表来清楚地表示统计的结果，这是本节课学生已有的学习基础。

但对于本节课为什么还要学习条形统计图这种整理数据的方式，它跟之前学习的统计表、象形图有什么联系，学生不清楚，教学时重点让学生与旧知产生关联，在经历象形图到条形统计图的演变过程中充分地感受到条形统计图的优势，同时了解到条形统计图的构成以及绘制的方法，体会统计在现实生活中的应用。

学习目标：

1.通过调查学生买贴画的意愿，经历象形图到条形统计图的演变过程，知道条形统计图的构成、画法以及特点。

2.在解决问题的过程中，经历数据的收集、整理、分析，体会统计在生活中的应用。

评价任务：

1.同桌讨论："我们能不能想办法把象形图修改一下，既能让别人一眼看出数，又画起来不麻烦呢？"（检测目标1）

2.回答"与我们之前学习的统计表、象形图相比，条形统计图有什么特点"（检测目标1）

3.在解决去哪一家买贴画、完成练习以及生活中的例子中体会统计在生活中的应用。（检测目标2）

学习过程：

教学环节	教师的教	学生的学	设计意图
一、情境导入，提出问题	今天是12月23日，再过十几天元旦就要到了，大家想怎么庆祝呢？装扮教室我们在网上先买一些贴画吧！有4家店铺，你们想在哪一家买？	（预设）生1：开联欢会。 生2：把教室装扮一下。 （预设）生：让大家举举手，看看我们班选择哪一家的人最多就选哪一家	真实情境导入，为本节课的学习提出要解决的问题

教学环节	教师的教	学生的学	设计意图
二、经历过程，认识条形统计图	1.收集数据 今天来体验一种更快的收集数据的方式。 2.整理数据 (1)要清楚地表示统计的结果可以有哪些整理方式呢？ 大家可以选择其中的一种方式来进行整理。 (2)我们来看看这两位同学是怎么整理的。 对这两位同学的整理，大家有什么看法或者有什么补充吗？ (3)我们能不能想办法把象形图修改一下，既能让别人一眼看出数，又画起来不麻烦呢？ 教师适时引导象形图到条形统计图的演变过程。 (4)条形统计图是我们在象形图上一步一步修改得到的，它与象形图相比有什么不同？ (5)教师示范一个后，你能像老师这样把剩下的三家也画一画吗？ 3.分析数据 接下来，我们就可以根据条形统计图中的数据进行分析了，大家一起说，去哪一家买合适呢？ 4.小结 同学们，今天我们用统计的知识解决了去哪一家买贴画的问题，从中我们认识条形统计图，那现在谁能说一说条形统计图跟统计表、象形图相比，它有哪些特点？	1.收集数据 学生用手写板体验。 2.整理数据 (1)统计表、象形图。 学生在学习单上整理数据。 (2)学生汇报。 学生补充。 (3)同桌交流讨论，展示分享。 (4)预设： 生1：条形统计图多了一列数。 生2：条形统计图多了标题。 生3：条形统计图上是一格一格的。 (5)学生画条形统计图。 3.分析数据 学生齐答，去第？家，因为选择？的人数最多。 4.小结 生：更直观地看出数据的大小	复习整理数据的方法，通过学生对统计表、象形图来整理的交流后，梳理出象形图的缺点，进而进行一步步修改，经历象形图到条形统计图的演变过程，认识条形统计图这种整理数据的方式，了解它的构成、画法以及特点。 (检测目标1、2)

续表

教学环节	教师的教	学生的学	设计意图
三、巩固练习,拓展应用	1.元旦联欢会上节目该怎么安排呢?(课件呈现统计表) (1)请大家完成学习单上的内容。 (2)谁能给大家介绍介绍你的作品? (3)条形统计图纵轴上的一格是不是只能代表1人或者2人? 说说你的看法。 小结:生活中用条形统计图来整理数据时一格代表多少是要根据数据的具体情况来定,数大的时候一格代表多一点,数小的时候一格代表少一点。 2.今天我们用统计的知识解决了去哪一家买贴画、元旦节目怎么安排的问题,大家想一想,用统计的知识还可以解决生活中的哪些问题呢? 教师课件展示生活中的其他例子	1.学生独立完成。 2.学生介绍。 3.学生说看法。 4.学生举例	巩固条形统计图的画法,总结发现条形统计图中一格代表几要根据数据的具体情况来定,同时体会统计在生活中的应用。 (检测目标2)
四、总结收获	通过今天的学习,你有哪些收获呢?	学生畅所欲言,分享收获	

表6-10　郑州市实验小学英语学科作业单

学科	英语	年级	五
日期	2021.11.12	星期	五
课题	Unit 3 C Story time	设计者	朱雪艳
目标	1.理解故事意思并能正确朗读;(题目1) 2.综合运用单元所学语言讲述食物制作过程。(题目2)		
分层要求	用自己喜欢或擅长的方式分享食物制作过程,可以是制作绘本,也可以是录制视频;制作绘本时可以自己画图,也可以打印		
建议用时	__15__分钟		

177

续表

作业内容	1. 听录音跟读故事，并试着把故事讲给家人或朋友。(必做) 2. 厨艺大比拼。请从A或B两项作业中选择你喜欢或擅长的方式和大家分享你的厨艺吧！(二选一) A. Make a picture book. 要求：和家人一起做喜欢的食物，将制作过程拍照，并在每幅图下配上简单的英文。 B. Make a cooking video. 要求：和家人一起做喜欢的食物，用视频记录制作过程，并用简单的英文介绍制作过程。 

表6-11　郑州市实验小学项目化作业设计

项目名称	水黾为什么能在水上生活？		
项目来源	爱探究	项目时长	两个月
涉及学科	科学、语文、信息技术	适用年级	三、四、五
设计者	王思源、任一伦		
项目简述	无论是自然水域还是户外泳池，我们经常能见到一种腿长长的生物自如地在水上跑、或者稳稳地停在水面。既然只在水上能见到它们的身影，那么作为一种昆虫而并非水生动物，到底是什么让它们有这样非凡的能力呢？ 观察、与其他生物进行对比实验后，发现它们的腿与水面的接触形式，极好地利用了水的表面张力。当水的表面张力消失，它们无法生存		

项目目标	1.价值体认:通过到图书馆、研究所等进行调研,能够理解并遵守公共秩序规范,能够有礼貌地进行访问。通过小组活动形成集体观念 2.责任担当:根据探究活动结果,能够树立环境保护意识,宣传少排放污水,保护生物的生存环境 3.问题解决:结合生活中发现的问题,通过查阅资料,实验研究等多种方式,用科学的思维方式解决问题 4.创意物化:运用科学实验知识进行模拟实验活动,能够运用摄影、信息技术等能力,拍摄纪录片,记录探究过程和结果,最终服务于科学知识的传播			
驱动性问题及要求	1.水黾为什么能在水上生存? 要求:有科学猜想 2.对比实验:水黾、蜘蛛、斑衣蜡蝉,谁可以在水面上长时间生存? 要求:进行科学实验,发现水黾在水上漂浮的腿的样态 3.什么是水的表面张力? 要求:利用针在水面上漂浮实验,发现水的表面张力的存在 4.如果水的表面张力被破坏了,水黾还能在水面上生存吗? 要求:通过实验,得出结论			
活动方式	考察探究			
	设计实验			

评价量表	项目	评价细则 (根据自己的活动要求细化内容)	综合评价		
			优秀	良好	加油
	态度	对探究学习有兴趣,能够认真参加每一次活动,并按时、保质完成计划任务,在遇到困难时互相帮助,集思广益			
	能力	1.能够有效地进行资料的搜集和分析,独立进行科学小实验			
		2.能够合理运用头脑风暴法、合作调研法等合作交流的方法进行探究活动			
		3.能够发现问题,运用学科知识在提出解决问题的假设,并进行试验			
		4.能够进行独立、多维度思考,主动提出创意解答;在交流时能够进行丰富流畅的表达			
	成效	对探究结果进行多种方式表现宣传;进行活动复盘讨论,对探究过程进行反思			

表6-12　郑州市实验小学社会实践作业设计

活动名称	探寻黄河文化　浸润黄河少年		
活动地点	黄河博物馆、郑州博物馆、黄河国家公园	活动时长	15天
参与人数	270	适用年级	五、六
设计者	牛祎、毛燕、胡艳艳、李湘豫、李英华		
活动简述	黄河流域是华夏文明的发祥地,黄河是中华民族的母亲河。很久以前,黄河流域就有人类生活,他们逐水而居,繁衍生息。很多王朝都在黄河流域建都,黄河流域过去一直是我国政治、经济、文化的中心。但随着人口的增长,人们的滥垦、滥伐、滥牧和在经济建设中不注意保持水土加剧了水土流失。那么如何减缓水土流失?如何展示黄河文化?孩子们通过查阅资料、参观博物馆、模拟实验等方式了解了黄河相关		
活动目标	1.价值体认:通过到博物馆等进行调研,能够理解并遵守公共秩序规范,能够有礼貌地进行访问。通过小组活动形成集体观念 2.责任担当:根据探究活动结果,能够采用多种方式进行展示,积极参加社区建设 3.问题解决:结合黄河相关知识,发现并提出自己感兴趣的问题。根据问题提出自己的想法,并在小组合作中进行实验探究活动 4.创意物化:运用科学实验知识进行模拟实验活动,能够运用摄影、信息技术等能力,拍摄纪录片,记录探究过程和结果		
活动任务	任务一:讲黄河故事 1.观看地壳运动视频,了解黄河由来 2.讲述炎、黄二帝和人类起源的故事 3.总述从古至今黄河水患的历史 4.学习当代黄河治理方针、政策和措施 任务二:解黄河问题 1.参观黄河博物馆,了解黄河发生水患的历史由来 2.查阅资料,熟悉古往今来治理黄河水患的方法和举措 3.讨论探究当代治水的新方法,动手模拟实验,实践演示水患发生和治水的过程 任务三:扬黄河文化 1.探索黄河文化蕴含的当代价值 2.开发不同形式的活动表现黄河文化、弘扬黄河文化 3.举办黄河艺术文化公益活动		

一、研学前导学

在学校领导组成的研学领导小组指导下,由全体研学活动指导教师提前将各门学科中所有涉及黄河的起源、黄河名称的由来、黄河故事、黄河水患发生的历史、黄河治水的科学原理、当代黄河治理的方针政策和举措、黄河艺术文化制作的相关知识进行汇总和梳理,并以通过图书馆资源和网络媒介查找到的相关信息为拓展,帮助学生了解、学习、掌握、巩固有关方面的知识。同时,就观察、记录、分析过程中所涉及的图片或数据的采集、电子软件的使用、活动手册的制作等对学生进行有针对性的培训,为研学奠定知识基础和相应的技能储备。

各小组需要讨论各小组主题探究计划,各小组指导老师对小组计划进行检疫和意见的指导。在研学过程中,教师和学生需要在笔记本上或者用电子设备记录信息、收集信息。在研学旅行结束后,各小组将个人收集的资料进行汇总,并进行讨论,积极发言,发表自己的收获,共同编写活动手册进行成果展示。将已设定的相关研学探究课题题目和征集学生根据兴趣探究的课题,将相同或相近的主题进行整合,根据探究主题的难易程度以及课程任务量的多少等方面,确定小组人数,待确定完小组后,由小组成员投票选择组长,由组长在尊重小组成员兴趣和长处的基础上进行人物划分,并由老师进行相应的指导。对于集体参加的活动,指导教师要明确提出要求和任务,对于各小组独立进行的任务,每个小组须完成设定的研究课题,确保每个小组都有特定指导教师负责。

研学指导老师需要掌握各个环节的注意事项,向全体学生进行说明,并明确规定每个学生的安全负责老师。建立研学旅行交流群,以及各小组群,随时保持信息与通信畅通。带队教师向全体学生讲明在参观黄河博物馆中应该遵守的基本规范和规则,学校配备医疗救护方面的保障,并为全体师生购买保险。

每个主题的指导教师对各自组内学生进行相关的行前培训,内容包括:(1)行前准备,提醒学生在出发前多吃清淡食物,注意休息,保持充沛的精力,携带身份证、学生证等相关证件;(2)安全方面,在汽车行进中,不得把头、手伸出窗外,不得在车辆行进中在车厢内走动;(3)礼仪方面,提醒学生要遵守景区内的各项规章制度,禁止吵闹,不得破坏景区内公共设施和设备。

研学过程中,遇到任何问题要第一时间找指导老师解决。

二、研学中行学

根据课程目标和课程内容,选取了黄河博物馆为研学地点,它是中国以黄河为专题内容的自然科技类博物馆,隶属于水利部黄河水利委员会,已成为多个学校的爱国主义教育基地、德育教育基地、素质教育基地和社会实践基地。研学活动师生通过参观不同的场馆,认识、发现、探索黄河故事、黄河问题、黄河文化。

1.流域地理

在流域地理展区通过观览黄河形成、远古生态、九曲黄河三个单元了解黄河自然地理地貌、气候、物产。

2.民族摇篮

在民族摇篮展区通过观看"逐水而居""文明之光""人文始祖""王朝中心""灿烂文化"五个单元认识悠久的黄河文明发展历程和灿烂的黄河文化。

3.千秋治河

在千秋治河展区通过讲解黄河水患、治河春秋、漕运灌溉、河神祭祀四个单元知道中国古代及近代黄河水患灾害、治理方略、治河技术及漕运灌溉的发展演变。

活动过程	4.治河新篇 在治河新篇展区通过观看黄河归故、流域规划、防洪防凌、资源利用、水土保持五个单元了解新中国成立以来黄河治理开发的重大举措及取得的重大成就。 5.人水和谐 在和谐之路展区通过观看新问题新挑战、新理念新措施、新号角新征程发现黄河治理仍存在的新问题、新挑战及新的治河理念和实践。 三、活动后展学 展学是对导学和行学两个部分内容的总结,一般伴随着课程成果的展示,如手抄报、文艺汇演、研究报、征文比赛、校园文化艺术展等,这一部分的作用主要是通过一系列的指导,帮助学生掌握研学途中的所学所感,对学生学习成果予以肯定;同时反思研学过程并进行成果展示,为学生相互借鉴交流学习提供平台。行后主要是研学课程成果与学习效果评价。 1.课程主题:讲黄河故事——"我是黄河小导游"黄河知识宣讲活动 第一篇章《流域地理》讲解形式和内容:课件里面穿插视频,了解地壳运动,黄河由来,通过知识竞答与现场人员互动。 第二篇章《民族摇篮》讲解形式和内容:快板,将人类起源,炎黄二帝,文明民族到来,黄河为什么是民族摇篮这些内容通过快板形式展现。 第三篇章《千秋治河》讲解形式和内容:总述从古至清这个时期黄河水患影响,重点讲述中原地区在这个时期是中华民族政治中心和大禹治水以点代面讲中华治水。 第四篇章《治河新篇》讲解形式和内容:国家几位领导人对黄河治理提出定位,加上修建大坝,大坝作用,重点讲三门峡水电站。 2.课程主题:解黄河问题——"关于植被覆盖对黄河泥沙沉积的影响"科学实验模拟 实验说明:华夏民族的起源便是与黄河抗争的过程,通过参观黄河博物馆,了解了黄河的伟大,同时也了解了她的另一面。黄河古称"浊河",有"一担水,六斗泥"之称。黄河水灾一句话概括为"病在中游,害在下游,根在泥沙"。而保护上游植被,增加植被覆盖度是减少黄河泥沙沉积的重要途径。为了能够更加直观了解植被覆盖对水土流失的影响,决定模拟实验"植被覆盖对黄河泥沙沉积的影响",直观感受植被覆盖对防止水土流失的重要作用。 3.课程主题:扬黄河文化——"黄河文化润童心"黄河工艺品公益活动 活动说明:黄河浩浩荡荡的气势奔流数千年,成就了不朽的历史与文明。当黄河文明从时光中穿梭而来,撞上现代文化创意,变成了不一样的装饰文创:我们把马家窑文化当中的"鱼纹样""交叉纹样"画到上面的盘子上,做成别致的装饰;根据仰韶文化陶器的纹样、造型等运用现在的黏土表现手法制作出罐子形状的彩陶。还通过参观黄河、参观黄河博物馆、背诵与黄河有关的古诗词等,创作了蜡笔画和彩泥作品

表一 研学课程评价量表						
年级		班级		指导教师		
姓名		研学主题				
评价指标		评价内容	自评	互评	师评	
学习态度		对研学主题始终有探究兴趣,高度重视,认真对待,积极参与				
组织合作		组织严密,分工明确、合理,组员团结合作、配合默契,还能与其他小组交换、共享信息,共同讨论疑难问题				
学习方式		在学习活动中制定了详细、行之有效的工作计划,能运用三种以上的方法完成学习任务,学习方式科学,能解决问题				
能力评价	学习能力	与人交谈能力	能围绕自己的工作与人进行有效的交谈,能提出自己的观点,归纳别人的意见			
		协同合作能力	与小组成员协同配合,圆满完成小组任务			
		解决问题能力	遇到问题不气馁、不退缩,总能有行之有效的解决办法			
		探索和搜集信息能力	信息来源渠道多样,能用三种以上搜索方式,快捷地进行搜索,能获得大量信息,且信息内容全面,包括文字、图片、声音、视频等			
		浏览阅读能力	能较熟地运用略读和浏览的方法,阅读大量的有关资料			
		发布成果能力	能够用不同方式表现研究成果,态度大方自信,语言有感染力,能根据需要调整表述方式,并及时回答提问			
		创新能力	善于观察、分析、思考,能提出创新的观点和独特的见解			
		反思能力	能反省工作中的不足,及时总结经验,不断调整学习方式			
		社会实践能力	能运用多种方式进行社会调查,动手实践能力强,活动手册内容翔实			
	工作成效		能根据调查结果提出有意义、有价值的建议,扩大学习活动成果			
			能按时完成任务并且速度快,质量高			

续表

能力评价	表二　研学课程评价量表					
	评价指标	评价内容	评价指标等级			
			A	B	C	D
	目标	培养目标明确、引入多门学科				
	内容	课程目标明确、内容丰富				
	活动过程	研究方法得当、自主性强				
		课程行程安排合理、时间紧凑				
		活动形式多样				
		活动环节有机结合				
	活动效果	真实体验				
		知识面拓展、能力提升				
		陶冶情操、愉悦身心				
		多元化评价贯穿全程				
	活动服务	指导教师知识严谨、运用灵活、气氛活跃				
		研学活动设计合理				
		研学活动保障充分				

活动成果	1.课程主题：讲黄河故事——"我是黄河小导游"黄河知识宣讲活动 

活 动 成果	

	2. 课程主题:解黄河问题——"关于植被覆盖对黄河泥沙沉积的影响"科学实验模拟(有视频)
活动成果	3. 课程主题:扬黄河文化——"黄河文化润童心"黄河工艺品公益活动

(三)"爱的教育"课堂形态的落地

通过校本教研，老师们先是对LOVE课堂形态的四要素，即"生活情境""操作与实践""变式学习""探索应用"有了认识，然后以不同课型作为载体，在实践的过程中修改并完善数学课堂评价标准。大家这一路教研下来，不仅对LOVE课堂形态有了充分的了解，而且对课堂教学有了自信。以数学学科研讨为例：

1."爱love"课堂形态——新授课

首先由一年级王茜老师执教的"加法"，初步探讨"LOVE课堂形态"的落实，全体数学老师分成四个小组进行课堂观察，课堂观察的过程中在初步制定的评价量表中记录某一要素的落实情况。教研时，由一年级教研组长分享课堂形态四要素在本节课时如何落实的，接着王茜老师进行教学反思，然后各年级组根据课堂观察的结果进行讨论交流，一一汇报，在汇报的过程中发现一年级要理解加法的含义需要教师提供丰富的生活素材，也就是"生活情景导入"在本节课的落实不是很好，所以在评价量表中"生活情境导入"的评价标准除了要引起学生的兴趣以外，还需要能支撑新知教学。

接着，由三年级石钰洁老师执教"倍的认识"继续研讨，经过大家的研讨，发现要理解"倍"，"操作与实践""变式学习"显得尤为重要。学生操作活动必须要有明确的活动要求，学生活动的效果怎么样也是评价的标准，操作活动的内容是否有利于目标的达成也需要考虑，另外在这节课中变式学习我们初步理解为练习题的设计，不同梯度、不同形式的练习促进了学生的深度学习。

2."爱love"课堂形态——练习课

四年级组杨婕妤老师执教"商的变化规律练习课"，通过此课例的研讨，大家对"变式学习"的理解更深了一步，变式学习绝不仅仅是练习题目的变，而应该是学生学习方式的变，是能够给学生交流空间、更多的是生生互动与交流，自主建构知识，加深对知识的理解的深度学习的变。因此，我们对评价量表中"变式学习"的标准进行修改。

3."爱love"课堂形态——整理和复习课

五年级组李俊鹏老师执教"多边形的面积整理和复习课",在这节课中体现更多的是"探索与应用",综合应用这个单元所学的知识解决问题,解决哪些问题? 需要教师对练习题精心设计,在组长张艳涛老师的带领下,五年级组数学老师雒贺、李俊鹏从不同资料中搜寻有价值有创新的题目,在教研时,老师们纷纷表示在落实"探索与应用"这个要素时课堂上还要注意时间的分配,也可以利用所学知识课下继续探索,老师一定要给学生探索的空间和时间。基于此,"探索与应用"这个要素的落实更多地侧重于练习题的设计以及给学生探索的空间和时间。

通过对不同课型的研讨,数学学科制定出了课堂教学评价标准(见表6-13):

表6-13　郑州市实验小学数学学科"爱的课堂"实施及评价标准

授课教师:　　　　年级:　　　　日期:

课堂形态	评价标准	得分
生活情景导入 (10分)	1.能引起兴趣,激发学生积极思维 2.支撑新知教学,能有效帮助新知探究	
操作与实践 (30分)	1.活动设计合理,有助于教学目标的达成 2.活动要求清晰、明确 3.活动完成情况良好	
变式学习 (30分)	1.给学生交流的空间,教师能抓住生成,帮助学生自主构建新知 2.设计的活动能帮助学生加深对知识的理解	
探索与应用 (20分)	1.练习题设计有梯度,层次合理,变化多样 2.应用所学到的新知、思维方法解决其他问题 3.给学生探索的机会,时间分配合理	
综合素质 (10分)	教师语言、教师素质、教育机智、板书设计、教学创新等	
总得分		
整体评价 (亮点、不足及建议)		

数学学科课堂评价标准的制定让数学老师们教有可依,听课老师们有了评分的标准,不再是凭感觉给上课老师打分。数学学科通过教研促进了

LOVE课堂形态的落地,制定出课堂评价标准的路径,为其他学科提供了研究方向。

(四)"爱的教育"课程研发

1.统一思想,明确课程研发任务

学校参与了华南师范大学左璜教授引领的"以核心素养为本的学校课程体系建设与学校整体变革创新实验项目",左教授根据学校实际情况提出了学校课程规划,学校对全体教师进行了课程建设方面的宣讲,同时根据每位教师自身特长,成立了课程研发微团队,并征求了教师对学校课程建设方面的意见。在这一过程中,老师们明确了课程研发的目的以及自己在课程研发中的任务(见问卷9)。

问卷9　郑州市实验小学"爱LOVE"课程开发问卷调查

被调查人：_____王菊_____

任教学科：_____数学_____

参与课程：_____爱生活_____

设计主题：_____行_____

课程的负责人：_____牛祎_____

1.你是否认同"爱LOVE课程"中七大课程板块的建构(A)

　A认同　　　B不认同　　　C没感觉

如果不认同或没感觉,请说明理由：_____

_____

_____

_____

2.你是否认同你所参与的课程设计框架(　A　)

　A认同　　　B不认同　　　C没感觉

如果不认同或没感觉,请说明理由：_____

_____

_____

3.你认为参与"爱LOVE课程"开发对你的专业成长发挥什么作用？

参与"爱LOVE课程"研发对我的专业起了很好的促进作用，提高了探究能力。在参与的过程中，起初有各种各样的想法，经过同事间互相讨论以及自己查阅资料，在否定一些观念，碰撞出新火花的过程，真正经历了探究的过程。这对今后我探究一些新课题都是一种宝贵的经验。

4.你认为"爱LOVE课程"的开发与实施将会对我校学生的学习成长发挥什么作用？

构建爱LOVE课程的七个核心板块，是基于核心素养，思考如何将学生培养成更全面的人这一理念下实行的。如果能对科学顺利地开发与实施，会让学生在小学阶段有更丰富的课程体验，同时也会启发学生在实际生活中将知识运用于实践，真正建立课本知识与生活的联系。

5.你认为在参与"爱LOVE课程开发"过程中，遇到的最大困难是什么？（可以重点谈一谈教材编写中存在的问题与困难）

我参与的课程是"爱生活——行"，课程框架及目标已经设置完成。目前最大的困难是：(1)结合学生的认知水平，不同学段的课程内容该怎么呈现与设计？(2)可参考学习的资料太少。(3)在编写的过程中，尝试进行学科融合，但是比较有难度，需要相关人士给予进一步的建议。

6.你认为你参与开发的"爱LOVE课程"在将来实施中会遇到什么实际问题？如果让你对所负责(编写)的课程内容进行教学，在驾驭教学方面会遇到什么问题或困难？

(1)将来实施中遇到的实际问题：我参与的是爱生活的板块，五个主题，每个主题分别有六个课时(对应不同的年级)。每年只上一个课时，探究一个内容，也许能实现这个课时的目标，但是六年的时间太长了，学生可能对这一内容的整体印象、整体思考会少一点。

(2)时间是否能得到保证。在教学内容上，随着时代的发展，已经设置的学材内容是否能及时更新，如果扩充"度"要怎么把握。

7.你在"爱LOVE课程"的开发及校本教材编写中，还有哪些建议？

(1)"LOVE"课堂形态中的四个课堂要素在课堂中的如何通俗地理解，

如何指导教师针对性的运用从而对教材的学习起到促进的作用。

（2）可以对其中一个板块具体辅导，或者做一个编写过程中方法的指导或示范。

2.校本教研，课程微团队互助

面对从没有进行过的特色课程研发的工作，大家通过校本教研，发挥团队的力量，共同完成课程开发工作。

一是，搭建特色课程框架：五个课程小组围绕各自的主题收集各种资料，结合学校的育人目标，搭建课程框架。

拿"爱生活"团队来说，多次碰撞交流制定出的课程框架就涵盖了吃、穿、住、行这四个与学生生活联系最为密切的模块，每个模块的学习单元中又针对不同年级孩子的年龄特点，精挑细选了孩子们最为喜闻乐见的"爱的味道、吃出礼仪、爱的礼物、穿出风采……"等学习单元，在这些丰富多彩的学习活动背后，是来自数学、美术、音乐、体育等不同学科的团队老师无数次地设计图标、找素材、讨论最佳呈现方式，群策群力，带领孩子尝试活动、修改、再尝试、再修改……力求活动让孩子真真切切有所收获，老师切切实实有提高（见表6-14）。在这一过程中，老师们的目标意识大大增强。

表6-14 "爱生活"课程框架

课程模块	学习单元	学习主题与活动
吃	爱的味道	一年级：春节特色饮食：饺子
		二年级：春节特色饮食：元宵
		三年级：春节特色饮食：年糕
		四年级：春节特色饮食：捞鱼生
		五年级：美食还需美器盛
	"吃"出礼仪	六年级：春节期间的餐桌礼仪
穿	爱的礼物	一年级：自己的事情自己做：学洗小物件
		二年级：给你一个惊喜：手绘文化衫
		三年级：妈妈我爱你：做发卡
	穿出风采	四年级：色彩搭配
		五年级：服装搭配
		六年级：服装的演变

续表

课程模块	学习单元	学习主题与活动
住	我爱我家	一年级:家务小能手:整理书桌
		二年级:家务小能手:学刷碗
		三年级:家务小能手:整理房间
		四年级:家务小能手:装扮房间
		五年级:社区小主人:垃圾分类
	住出特色	六年级:特色民居
行	亲近自然	一年级:认识自己周边的环境
		二年级:会用工具找路线
		三年级:摄影技巧
		四年级:多彩的四季
		五年级:我带爸妈去旅游
	家乡情怀	六年级:我是小小推介师

二是,编写活动手册:参考国家教材、绘本等的编写方式,创编活动手册。

图6-9　学校特的课程活动手册封面

每个课程模块前有卷首语,每个课时按照课堂形态四步进行编写:L生活情景、O操作与实践、V变式学习、E探索应用,最后有学生的自我评价,评价和活动目标相照应。我们编写了学材,便于学生学习,一个年级一本,包含七大课程,一、二年级的定位是活动,三、四年级定位综合实践,五、六年级加入思考、创造;编写了教材,便于老师教学,一个课程一本,共五本,相当于教参。在这一过程中老师的编写教材的能力得到提升。

三是，实施特色课程：从教案的设计，到课堂教学的实施再到课堂评价，都是借鉴国家课程中综合实践活动课的实施经验。

我们的实践分为三个阶段：准备阶段、实施阶段、反思阶段。准备阶段确定了上课主题，明确了小组分工及职责，制定了实施计划。接下来就是实施阶段，团队成员每周利用固定的教研时间开始实施。

以"春节特色美食——元宵"这一主题为例：第一节课了解元宵节的来历、制作元宵；第二节课通过调查元宵和汤圆的不同，来了解研究一个问题的各种方法；第三节课学习制作微视频的方法，制作一个向外国小朋友介绍我国传统节日的视频；第四节课分享这些视频。由于我们学校特色课程是想用研究性学习这种方式来实施的，区别于常规的课堂教学，教师应该如何起引导作用呢？我们就以评价量表为抓手。在每节课的学习之前，学生都会有实践的活动，于是我们设计了相关的学习量表，指导学生从哪些方面着手准备，如何记录。在讨论汇报的环节中，评价量表也起到了很好的作用，学生结合自己已经填过的量表进行小组内的汇报总结，老师就可以针对讨论结果有目的地进行升华和归纳。

研究性学习是课程实施的最后一个环节，也是贯穿学生整个学习过程的环节。在课程进行之初，我们就开始对学生所提出的问题进行关注，启发学生对自己感兴趣的疑点和难点进行梳理与概括，鼓励学习小组能针对自己活动中的问题加以更为深入地探究。研究性学习的主体是学生，学生可以通过课后评价量表对自己的表现做到心中有数。课后评价量表设置依据有两个维度：学生结合自身表现的主观评价和结合课程目标的量化评价。在课程实施的过程中，学生都能很客观地对自己的表现进行评价，这一点也是让老师很感触，在日常的教学中我们也应该多用一些这样的方法。针对目标的评价量表也能让我们及时调整下一课时的教学，所有课后评价量表（见表6-15、6-16、6-17）有很强的反馈作用。

表6-15 "爱生活"课前作业单（第一节）

元宵节，是中国的传统节日之一，又称上元节、小正月、元夕或灯节,时间为每年农历正月十五。同学们,关于元宵节的来历、习俗以及元宵的由来,你们都知道什么呢？通过调查,让我们一起全面了解元宵节吧!

调查单	
元宵节的来历	
元宵节的习俗	
元宵的由来	
我自己做的元宵 （可以拍照并粘贴）	
备注	

表6-16　"爱生活"课后作业单（第三节）

同学们,吃汤圆（元宵）是我们中华民族的传统文化,元宵节亦是中国汉字文化圈的地区和海外华人的传统节日之一。怎样制作视频可以把我们的传统节日让大家和国外的友人更了解我们这项节日呢？通过这节课的学习相信你们制作的视频可以把我们的传统文化传承发扬。

记录单			
我的视频内容： （可以拍照并粘贴）	起源	习俗	制作方法
我的视频制作策划方案： （可以拍照并粘贴）			
我的视频后期制作软件： （可以拍照并粘贴）			
我的视频制作想表达的情感：			

表6-17 "爱生活"学生课堂评价量表(第四节)

活动一: 小组交流课前作业单	1.我会完成视频制作策划表,能制作优秀视频,还能清楚地叙述出制作过程中的困惑和收获。(2~3颗星)2.我只能完成视频制作策划表,制作视频还有一定的困难。(1颗星)	★ ★ ★
活动二: 小组展示作品	1.我能认真聆听别人的介绍,找出别人的优点,并能提出合理的建议。(2~3颗星)2.我只能认真聆听别人的介绍。(1颗里)	★ ★ ★
活动三: 展示优秀视频案例	1.通过观看优秀案例,我能比一较自己制作的视频,取长补短。(2~3颗星)2.通过观看优秀案例,我能比较自己制作的视频,但没有找到改进自己视频的方法。(1颗星)	★ ★ ★
四:课堂表现	1.我能上课认真听讲,积极思考、勇于发言并善于合作。(2~3颗星)2.我能上课认真听讲,但不能做到积极思考和善于合作。(1颗量)	★ ★ ★
合计	这节课我一共收获了( )颗星。	

在每门课程的评价中有一项特殊素养的评价,爱生活测评的核心素养是学生的实践创新能力,学校进行了学期综合评价:我有一双小巧手主题活动。给各班提供了交易摊位和展示区,不仅让学生展示自己所获得的技能,还要利用自己的创意给自己班拉票,活动结束后全校师生通过投票的形式共同评比出"最佳人气摊位奖""最高营业额奖"和"最高利润率奖"。活动后期每个摊位的小小营业员填写《营销方案反思表》,没有参与售卖的学生也要完成这样一份小调查。我们会通过学生写的这些内容,对学生的实践创新能力进行评价。

我们还把活动手册作为项目化作业设计的资源,每个年级的教师从中选取感兴趣的一个内容,进行项目化作业的设计并引导学生加以完成。通过这样的课程实施手段，促使学生成长于作业完成的过程，收获于作业呈现的成果。老师们在年级研讨的基础上对活动手册进行了再加工，设计出了项目化作业，里面涵盖了项目简介、项目目标、驱动性问题及要求、活动方式、评价量表以及作业成果。

最后是反思阶段。通过实践，老师们发现研究性学习这种方式确实能提起学生的兴趣，所以活动手册的编写要尽可能按照研究性学习的流程来编写，选取便于探究的素材；授课时要引导学生参与到实践活动中来，尽可能少地采取讲授的方式；要合理分配课前和课上动手实践的内容，要在课堂上也留有实践的时间，不能加重学生的负担。

在"课程研发"这一培训和实践相结合的过程中，老师们经历了酸甜苦乐的心路历程：

附6—4

"爱生活"课程反思
崔丽超

"爱生活"团队历时将近两年，历经前期的学材设计，中期的课程实施，后期的成果报告，终于接近尾声了。如今看似云淡风轻的三个步骤，背后包含了团队成员"酸甜苦乐"的心路历程。

我们这批成员被选进"爱生活"团队，私以为首先是牛校长对我们生活态度的认可，因为我们都是对生活满怀热爱的人，其次是对我们工作能力的认可，因为"爱生活"课程在左璜教授指导的LOVE课程体系中可以说承担着先行者的重担。

先来说说"酸"从何来。团队成立伊始，牛校长召集我们设计学材，要求契合L、O、V、E四要素，并且要体现学科大融合，我们都蒙了，从小到大都是拿到现成的教材去学习、去教学，我们既不懂如何排版、又不知怎样融合，一次次的碰头教研，难为得心"酸"，要不说本事都是"逼"出来的呢，就是在这样紧迫的形势下，一群门外汉从卷首语、每部分图标、排版、评价形式、内容整合……一路杀将出来，心中对这个课程体系逐渐明晰，完成了"爱生活"之"吃、穿、住、行"四大模块的24册学材的设计，看着精美的排版、丰富的内容,内心还真有点佩服自己。

有了学材,就要尝试实施了,这个环节还真是"甜"呢! 因为我们经过慎重阐述、商议、投票,最终决定拿出"爱生活—吃—元宵和汤圆"这个主题来实施。张艳涛老师提前给孩子们布置了做元宵和汤圆,课堂上让孩子们进行经验总结分享;王茜老师接棒带领学生结合访谈法、观察法等交流自己调查元宵和汤圆的不同点;杨婕好老师带领孩子们学习用生动直观的视频宣传元宵和汤圆这类传统美食文化;石钰洁老师引领孩子进行视频制作的分享,令我们惊喜的是孩子们制作的视频有的引人入胜,有的画面清晰分辨率高,有的背景音乐喜庆有气氛,有的解说幽默风趣,从各个方面展示出了元宵制作的方法、步骤,我们和学生一起看得学生们看得津津有味。

此时回想我们在繁忙的教学之余,花费了每周四下午的时间绞尽脑汁、抓耳挠腮地教研,下班后、深夜中进行的设计和反复修改,小组成员间见缝插针地研磨探讨……这些"苦"都慢慢淡化了。

所有的新事物新研究都不是一蹴而就的,课题结项小组在任一伦老师的带领下组织学生取长补短,确定接下来努力的方向,做到学以致用,先带领学生用糯米、小麦粉、玉米粉等实际操作探究比较它们的黏性,再形成科学完整的研究报告,师生们从中体会到成就感、体会到探究的"乐"。

在这两年里,我的收获和成长不能尽述,感谢这个团队!

3.专家引领,助力课程团队成长

左璜教授团队以及中原区教研室的专家对学校的课程建设的每一步进行指导。在搭建课程框架时,指导我们要突出学校"爱的教育"的特色,课程目标必须要有学校的育人目标体现、核心素养体现,而后才是各个课程特有的素养;要体现跨学科统整。在编写活动手册时,引领我们要涵盖多个的学科知识、技能,要考虑到未来呈现的学习成果;在课程实施时,鼓励我们要注意创新性,不要以讲授为主,要以学生的活动为主。

专家强调,课程的开发,要打破学科的界限,要凸显学校理念的特色——爱的教育,立德树人的校本实践,爱的内涵、爱的本质、爱得更深沉、更细腻点;紧紧围绕着学校理念展开工作,继续思考"爱的教育"的深化。

爱产生自交往，所以希望未来学校的课堂能够重视"交互"，包括增加进入"技术"的交互，促进爱的现代化。因为是实验小学，要考虑将信息化放进去，智慧课堂加血；要考虑将信息化放进去，智慧课堂教学。

有了专家的引领，老师们眼界开阔了，逐步改变了课程实施者的既定角色，成为课程开发的主体，有了更高层次的提升，始终朝着研究者、开发者和实施者的目标前行，这是教师学习提高的过程，也是课程建设优化的过程。在这条路上我们市实验每位老师从不止步，路漫漫其修远兮，吾将上下而求索！

以上收获的取得得益于学校"爱的教育"的办学理念，充分展现了"爱love"的课堂形态，体现了自主学习、合作探究为主要学习方式的"课堂"；得益于实小教师齐心协力，砥砺前行、团结奋进的精神。

第七章　以爱扎根：
　　　　形成"爱的教育"成果

学校课程建设的过程是对学校课程蓝图的勾勒与践行过程,是学校整体发展与形成特色的核心,也是学校的一种常态生活和思考方式。学校以"以核心素养为本的郑州市实验小学课程体系建设与学校整体变革创新实验项目"为切入点,遵循教育规律和学生成长规律,全面实施素质教育"的原则,立足学校和学生实际,努力建设适合学生发展的课程体系构建"爱"特色课程体系实施路径,使学校的课程逐步走向了标准化,顺而初步完成"爱"特色课程体系的构建,以下是这几年来取得的一点成效。

一、学校层面

(一)推动了学校内涵的发展

在三级课程管理体制下,国家、地方、校本课程形成了学校显性课程体系。经过不懈努力与艰苦探索,学校克服各方面的困难,在学科建设和专业建设方面取得良好成果。学校开设的课程受到了学生们的喜爱,同时也得到了同类学校以及教育行政主管部门和社会的认可。校园文化是以校园为主要空间,以师生为主体,以课外活动为主要内容,以校园精神为主要特征并且向外延伸的一种群体性的文化,它对学生的知情意行有潜移默化的影响,对我们完成育人的任务发挥着积极作用。为了创设一个良好、和谐、规范的校园文化氛围,学校开设了多样的活动,并且取得了良好的效果。在学校,教师和学生的共同努力下,学校捷报频传,获得了不同级别部门颁发的多种奖项。以下是针对全校学生校本课程满意度,学校活动实施情况,以及近三年来学校获得的各种奖项的调查和分析。

由图7-1可知学生对学校的校本课程从未出现不满意情况,且满意度逐年呈上升趋势。从16年的86%到现在的100%。充分说明学校每年开设校本课程,并且逐年根据学校实际情况及特色进行调整和完善,学生对学校校本课程的开设十分满意。

图7-1　关于学校校本课程调查问卷(学生)

学年末，随机抽取了2021届的100名学生进行了问卷调查。从图7-2可以得出：89%的学生是A等级，参与度和满意度都很高。7%的学生是B级，4%的学生是C级，参与度和满意度比较低。这些数据可以说明学校的活动主题明确，活动方案可实施，活动效果良好。活动的顺利实施充分的实现了活动育人的目标，助力了学校的内涵发展。

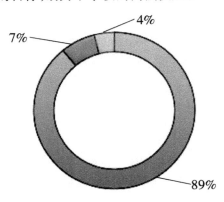

■A等级 ■B等级 ■C等级

图7-2　学校活动参与度、满意度的调查问卷(学生)

表7-1　龄前学校近三年单位获奖情况

序号	获奖时间	获奖名称	颁奖部门
1	2021年10月	科学影像《水黾为什么能在水面上生活》	国际青少年科学影像大赛评委会
2	2021年12月	科学影像《使用公筷有必要吗？》在第十二届全国青少年科学影像节全国科学影像大赛中荣获"全国最佳奖"	中国科协青少年科技中心 中国青少年科技辅导员协会
3	2021年12月	科学影像《会动的辣椒》在第十二届全国青少年科学影像节全国科学影像大赛中荣获"全国优秀奖"	香港青少年科学院
4	2020年1月	亚运足球梦想学校	2022年第十九届展亚运会组委会
5	2021年5月	2020年全国青少年校园冰雪特色学校	中华人民共和国教育部
6	2021年	2021年"舞动中国-排舞联赛"线上总决赛1队	国家体育总局体操运动管理中心
7	2021年	2021年"舞动中国-排舞联赛"线上总决赛2队	国家体育总局体操运动管理中心
8	2021年	2021年河南省课后服务典型案例	河南省教育厅
9	2019年12月	2019年河南省首届数字标杆校	河南省教育厅
10	2019年11月	体育道德风尚奖	河南省体育局 河南省教育厅 河南省科学技术厅
11	2020年11月	第十一届河南省青少年模拟联合国峰会团体特等奖	河南省未来青少年教育研究中心
12	2021年5月	河南省第六届青少年模拟联合国辩论赛团体一等奖	河南省未来青少年教育研究中心
13	2021年10月	河南省第三届学生器乐节《科技先锋》荣获小学重奏组二等奖	河南省教育厅
14	2021年10月	河南省第三届学生器乐节《青春修炼手册》荣获小学重奏组二等奖	河南省教育厅
15	2021年11月	荣获第十二届河南省青少年模拟联合国峰会	河南省未来青少年教育研究中心
16	2021年	河南省中小学劳动教育特色学校	河南省教育厅
17	2021年	2021年河南省学生"阳光"排舞锦标赛	河南省教育厅
18	2021年12月	社会实践活动先进单位	郑州市教育局
19	2020年10月	郑州市教育系统新冠肺炎疫情防控工作先进集体	郑州市教育局新冠肺炎疫情防控工作领导小组郑州市教育局
20	2020年1月	2019年度教育系统平安校园建设先进单位	郑州市教育局

续表

序号	获奖时间	获奖名称	颁奖部门
21	2020年9月	郑州市2019—2020学年度普通中小学教学创新先进单位	郑州市教育局
22	2020年7月	郑州市中小学德育创新先进集体	郑州市教育局
23	2020年1月	郑州市道德课堂有效形态五爱课堂	郑州市教育局
24	2020年1月	学校课程建设奖	郑州市教育局
25	2020年12月	郑州市中小学生研究性学习先进学校	郑州市教育局
26	2020年11月	2020年郑州市中小学幼儿园安全教育微电影优秀作品奖	郑州市教育局
27	2021年3月	郑州市普通中小学德育创新先进集体	郑州市教育局
28	2021年12月	学校课程建设奖	郑州市教育局
29	2019年1月	在我区开展的"优秀科学观察日志展示评比"中被授予"优秀组织奖"	中原区教研室
30	2019年4月	作品《爱鸟护鸟 从我做起》在中原区青少年科技创新大赛(实践活动)中荣获一等奖	中原区教体局
31	2020年9月	2019—2020学年中原区教育先进集体	中共中原区委 中原区人民政府
32	2019年9月	2018—2019学年中原区教育系统先进集体	中原区委 中原区人民政府
33	2020年10月	全省第八届"腾飞中国、辉煌70年"素质教育手抄报活动优秀组织奖	中原区关心下一代工作委员会 中原区教育局
34	2020年6月	2019年度教育新闻宣传工作先进集体	中原区教育体育局
35	2020年12月	2020年中原区教育科研先进单位	郑州市中原区教育局
36	2021年1月	2020年编程教育先进单位	郑州市中原区教学研究室
30	2021年4月	中原区课程建设先进单位	中原区教育局
31	2021年6月	2020年度新闻宣传工作先进单位	郑州市中原区教育局
32	2021年11月	基础教育教研优秀单位	中原区教育局
33	2021年11月	学校课程建设奖	中原区教育局

从近三年学校的获奖情况来看：2019年，获得区级表彰2项，市级表彰2项；2020年，获得区级表彰4项，市级表彰7项，省级表彰1项，国家级表彰1项。2021年，获得区级表彰5项，市级表彰4项，省级表彰6项，国家级表彰6项，不管是数量，还是获奖的级别都在呈上升趋势，由此可见学校的教育成果显著，硕果累累。

(二)凝练了学校品牌特色

为实现"爱人爱己爱世界、乐学乐思乐成长"的办学目标。基于"学校文化""校长教育思想""四个理论基础""学校已有基础"这四点,学校坚持用仁爱之情、仁爱之智、仁爱之力、仁爱之行进行施教与办学,着力调动学生的学习兴趣,培养学生的学习能力,培育学生品质,使学生成为懂得爱,拥有尊重、包容、向上的品质,学会学习、学会做人、学会生活、学会合作,具有责任感、创新精神、能积极回报社会的现代公民。教师是学校教育的主导者,也是校园文化的第一体验者,学校开放式,有温度的管理模式为教师营造了和谐的精神家园,使教师有归属感,幸福感,激发了全体教职员工投身教育事业的内驱力,推动教师专业水平的提高。实施研训一体化,提高了教师的教科研能力。利用专业资源,引领教师成长,使每一位实小教师成为懂得爱、有学识、有修养、有境界、有能力、有激情的老师。

图7-3是对全体教师针对学校创新管理进行的问卷调查。从此项调查可以得出:95%的教师非常满意学校的管理,认为学校管理现代化,且坚持"以人为本",有助于教师团队综合能力的提升,而且支持家长走进学校,参与学校管理。总之,学校的管理得到了老师的认可和支持,展现了开放式、有温度的管理,助力了学校的品牌凝练。

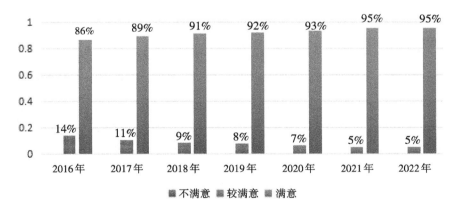

图7-3 关于学校创新管理的问卷调查(教师)

综上所述,将学校打造成为一所"爱的教育"理念指导下的品牌学校,产生一定的社会影响力,辐射本区域甚至全国的愿景已基本达成。

二、教师层面

学校认为有好的教师才会有好学校，有好教师才能教好每一个学生，所以学校的发展，得益于教师的不断成长。通过课程建设，已经逐步形成了一支结构合理、人员稳定、教学水平科研水平较高、学风严谨，尽力尽责，教学效果好的教师梯队。通过一系列的问卷调查，教师们更加爱之有道，爱之以德，爱之生情，在郑州市实验小学"爱的教育"这片沃土上过着幸福的教育生活。

(一)LOVE课程的实施，塑造了专业性更强的教师。

1.教师的专业性更强

教师的基本功是教师专业度的基本标志，提高教师的专业度是学校不懈的追求。为支持教师专业发展，保证教师的学习力，学校建立教师培训制度，制定培训规划，针对教师的实际情况制定专业发展计划，建立教师专业发展档案，将教学基本功培训作为主要内容。作为河南省首届数字标杆学校，学校对教师的教育信息化培训也作为工作重点，鼓励教师利用网络学习平台开展教研活动，建设教师学习共同体。学校每年保证不低于5%的公用经费用于教师培训，引进优质培训资源，定期开展专题培训，促进教研与培训有机结合，发挥校本研修基础作用。认真组织全体教师参加远程培训、专题培训、校本培训等，落实每位教师五年不少于360学时的培训要求。

建立长效的教研组机制，保证教学工作的有序推进。教导处通过定期召开备课组长会、举办青年教师座谈会、开展教学技能大赛、召开教学研讨会等活动，多形式、多渠道力促学科间、教师间实现有效沟通和分享，促进教师的专业成长。同时学校一直坚持听评课制度，通过每周一次的听评课活动，对照量表对教师的课堂实施效果进行评价促进老师的不断成长。同时鼓励教师积极参加校内外优质课比赛，并建立优质课统计数据库，随着学校课程体系的建设与实施，2019年开始，获得优质课比赛等级的教师明显增加，如表7-2所示。

表7-2　教师优质课评比表

任一伦	我们来做"热气球"	郑州市二等奖	郑州市教育局
张艳平	可爱的动物	中原区二等奖	郑州市中原区教学研究室
王思源	大小多少	中原区一等奖	郑州市中原区教学研究室
王思源	正确认识广告	中原区一等奖	郑州市中原区教学研究室
李延飞	分段计费练习	中原区一等奖	郑州市中原区教学研究室
李延飞	旋转	中原区二等奖	郑州市中原区教学研究室
李延飞	平行四边形和三角形面积计算练习	中原区一等奖	郑州市中原区教学研究室
雒贺	因数与倍数练习课	中原区一等奖	郑州市教育局
雒贺	条形统计图	中原区一等奖	郑州市中原区教学研究室
雒贺	解决问题（连续两问）	中原区二等奖	郑州市中原区教学研究室
雒贺	万以内的加法和减法（一）整理和复习	中原区二等奖	郑州市中原区教学研究室
雒贺	条形统计	中原区一等奖	郑州市中原区教学研究室
李湘豫	牧场之国	中原区二等奖	郑州市中原区教学研究室
朱雪艳	Unit3 My friends C	郑州市一等奖	郑州市教育局
王茜	啦啦操队形创编	中原区二等奖	郑州市中原区教学研究室
王茜	我爱我	河南省三等奖	河南省教育厅

2.教师的教学更有艺术性

从教师发展看，形成教学艺术，可以实现教师长期的、有计划的全面发展。任何一种单一目标，如教学技能的提高，都不能实现教师的全面发展。可以说，形成教学艺术，可以使教师职业更加美丽，感受自身价值，完成教学责任要实现艺术化的教学要求，教师必需坚持"教必有法"的原则性和"教无定法"的灵活性的统一，在广泛吸收、借鉴已经积累、形成的方法的基础上，进行艺术性地再发明、再加工。教师不能执于一策，囿于一方，要综合使用各种方法，以高效果为规范匹配各种方法。不同的方法组合会发生不同的结果，教师要因时因地因人进行发明性地发挥，以富有个性特色的、常变常新的方法完成教学任务，从而进入艺术境界。

为全面了解学生对任课老师教学艺术的认可程度，郑州市实验小学选取学生最关心的职业道德、教学方法、教学效果、教师与学生的关系等方面的内容制作调查问卷,本问卷分别于2021年4月和2022年4月进行两次发放并回收,问卷采取抽样不记名式调查,调查资料完全保密。每次调查都是在各班随机抽取20名学生进行,每次发放问卷560份,均有效收回。初测平均分为32.6分,终测平均分为37.6分,通过两次测评结果对比,不难看出学生对教师教学艺术的认可度明显提升。

3.教师有更强的创新能力

教师的创新能力是一所学校提高教育教学品质的源泉。拥有自己教学艺术的教师,也会有更强的创新能力,能够培养富有独立精神的学习者,"独立精神"最主要的成分是发明性。教学艺术是实现这种目的的最佳选择,发明型人才的培养离不开发明性教学。好的教学一定能使教师的发明性得到很好发挥,教师在实现社会价值和自我价值的同时,会发生更大的发明欲望,真正会体会到"教师是太阳底下最高尚的职业"。教学的责任在于完成教育同学的使命,通过人类文明精华去影响同学,通过教师的人格魅力达到对同学的正向影响,让同学通过一系列活动去建构知识、发展智力与能力。教师的根本责任在于实现对同学最优化的教育,这也是教学的根本目的。一个探索教学艺术的教师,与一个不探索教学艺术的教师,其教学效果大相径庭。因此,教学艺术形成与教学目标的达成度紧密相关。教学目标的达成度与教学任务的完成是不同的。

我们学校"爱的课程评价体系"包含相对独立又密切关联的三个组成部分:课程设计评价、课程实施评价、课程效果评价。通过量表评价发现老师们的课程创新能力优良,在编写学习手册、开发校本课程方面做得非常不错。而且课程体系的建设也推动了教师教科研能力的提高,教师在教科研中不断探索解决教学中出现的问题的新途径,大大提高教师的教学创造力,创造力的提高又推进了教育教学质量的提高(见表7-3)。

表7-3 教师课题研究表

课题名称	主持人姓名	结项时间	获奖等级（省、市、区）	发证部门
疫情防控期间小学线上课程的实践研究	于乐	2021年	省级结项	河南省教育科学规划组
竞赛导向下提升社团学生音乐素养的实践	牛祎	2021年	市级一等奖	河南省教育科学规划组
核心素养下小学低段学生科学观察与记录的实践研究	孙雪彦	2019年	市级结项	河南省教育科学规划组
	闫丽	2020年	市级二等奖	河南省教育科学规划组
核心素养下小学低年级语文绘本阅读的教学实践与研究	孙格	2020年	市级一等奖	郑州市教育局
	牛祎	2021年	区级结项	中原区教育局
APP在小学中段语文课外阅读教学中的应用研究	王思源	2021年	区级结项	中原区教育局
核心素养下小学低年级语文绘本阅读的教学实践与研究	孙格	2020年	市级一等奖	郑州市教育局
塑造品位教师的有效策略研究	刘丹	2020年	区级二等奖	中原区教育局
对品质教育理念下"品位教师专业成长过程"的研究	刘毅君	2019年	区级结项	中原区教育局
数学文化在小学第一学段教学中的实践与研究	刘毅君	2021年	市级结项	郑州市教育科学规划组
"非遗讲课堂"课程整合研究策略	王芳	2021年	省级结项	河南省教育科学规划组
在小学数学教学中落实LOVE课程形态的实践研究	雒贺	2021年	区级结项	中原区教育体育局
核心素养下小学爱劳动课程的开发与实践研究	于乐	2022年	市级结项	郑州市教育局
"双减"政策下学校实施作业管理的策略研究	于乐	2023年	省级结项	河南省教育科学规划领导小组办公室
故事教学中培养小学中段学生英语思维品质的策略研究	周倩倩	2021年	市级结项	郑州市教育科学研究所

(二)LOVE课程的实施,成就了师德高尚的教师

1.为人师表

爱是教育的基础。作为教师应该始终保持一种激情,一种热爱,一种对教育的执着和追求。苏霍姆林斯基说过,最好的老师,教育修养中决定性作用的一种品质那就是对孩子的依恋之情。在工作中学会尊重学生,注重保护学生的自尊心,让学生能够感受到师爱的温暖。但是不能无原则的迁就、偏袒,而是体现在对学生的严格要求上,爱之深,求之严。爱是教育的基础。作为教师应该始终保持一种激情,一种热爱,一种对教育的执着和追求。

懂得爱（爱生、爱校、爱教育），有学识、有修养、有境界、有能力、有激情，具备现代文明意识，传递正能量的高素质、专业化的教师。不仅会教课，而且会育人；不仅专业能力强，而且综合素养高，有教育情怀、教育思想、大爱思想，有丰富的人文修养，高尚的道德情操。

2.爱岗敬业

学校建立、健全教师管理制度，完善教师岗位设置、职称评定、考核评价和待遇保障机制，保障教师合法权益。塑造教师健全的人格、激活教师内驱力，增强教师的服务意识，树立"爱校如家、爱生如子"的思想观念，践行"爱生、爱校、爱教育；乐教、乐业、乐提升"的教师核心价值观。学校进行系列的规划，学习先进教师的典型事例，学习相关法律法规，学习"最美教师"，端正教师态度，提高教师思想觉悟。做好爱的教育，学校从关爱教师做起。学校关心教师生活状况和身心健康，为教师做好后勤服务，丰富教师精神文化生活，减缓教师工作压力，定期安排教师体检，解决教师思想问题和实际困难。

另外，针对师德师风问题，每学期进行一次的纸质版师德考核评定，规范教师的教育教学行为；每学期六月份学校都会开展一次针对全校老师、家长、学生三个层次的调查问卷，并将师德考核纳入年终绩效考核，多年来教师中无违规违纪现象。

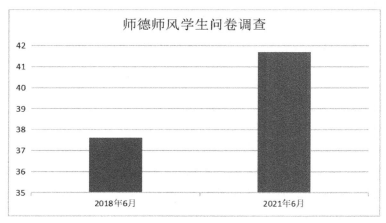

图7-4　师德师风学生问卷调查

图7-4的数据分别是于2018年6月和2021年6月进行的两次问卷发放及回收情况,问卷采取抽样不记名式调查,调查资料完全保密。每次调查都是在各班随机抽取20名学生进行,每次发放问卷560份,均有效收回。初测平均分为37.6分,终测平均分为41.7分,通过两次测评结果对比,不难看出学生、家长对教师的师德师风认可度明显提升。

3.关爱学生

"其身正,不令而行。其身不正,虽令不从"。学生由于身心正处于不成熟到逐步成熟的特殊时期,犯些错误在所难免,平时对学生进行说服教育工作,不能一味厉于言色,应注重引导学生自主认识错误,改正错误,培养学生的进取心。正所谓言传不如身教,有时候大道理讲的再多亦是徒劳,教师平时工作更应注重自己的言行,给学生以正面的学习模板。而且老师的言行举止对学生的影响是潜移默化的,止无时无刻不进行着的,这样老师再去说服教育学生才会取得更好的效果。遵循教育规律,不仅将知识传授给孩子,还要培养学生的民主观念、科学意识、健全的人格、独立的精神和文明的行为。

老师们这样的行为也正凸显了市实小"爱人爱己爱世界、乐学乐思乐成长"的办学特色。学校坚持用仁爱之情、仁爱之智、仁爱之力、仁爱之行进行施教与办学,着力调动学生的学习兴趣,培养学生的学习能力,培育学生品质,使学生成为懂得爱,拥有尊重、包容、向上的品质,学会学习、学会做人、学会生活、学会合作,具有责任感、创新精神、能积极回报社会的现代公民。

(三)LOVE课程的实施,沉淀了教师更深的爱的教育情怀。

1.教育更有温情

如果说教育是一场考验一个人是否有温情和爱心的"修行"。教师只有温情拥抱每一天,才能成就自己的教育人生,才能真正实现立德树人的教育目标。

当代小学生的父母,20世纪八九十年代的人均已"上线",他们都是具有一定知识文化的年轻人，普遍重视优生优育，重视孩子教育，所以，当代的小学生显得比以往的小学生更聪明，接受新鲜事物的能力更强，面对信息时代，现在的学生既聪明又成熟。你想得到的想不到的都有可能发生，与以前相比，知识水平和认知能力都有了较大的提高。信息时代为他们赋能的同时也给他们带来了冲击。

现在的家庭中孩子相对较少、家庭条件相对富裕。造成孩子就成为家庭的中心。有些父母因为工作忙，或者长期在外务工，把孩子托给爷爷奶奶、外公外婆帮助照管。长辈们由于过度溺爱孩子，几乎满足孩子们的一切需要，所以在生活中以自我为中心，很少考虑别人的感受。

优裕的生活条件，家长的过度宠爱，聪明的头脑，造成孩子们的成长道路顺风顺水，几乎没有遇到过波折，所以孩子们抗挫折的能力较低，抗失败的能力更低。加上生活在信息时代的他们，没有办法很好地针砭出好与坏，遇到生活中的不顺心、不如意问题，很容易采取过激行为。

正式认识到了这些问题，市实小坚持让教育更有温情，这样让我们更能赢得学生，而赢得学生就是赢得未来。

2.工作充满热情

郑州市实验小学的教师团队是年轻的，40岁以下教师占78%，年轻化的教师队伍会给学校带来蓬勃生机和无限活力，年轻的心是充满阳光的，只有自己心中有阳光，才能照亮他人，给他人爱和力量。教师有一颗年轻的心，他会充满青春的热情，他会和学生融为一体，真心地去关注学生，了解学生，帮助学生。他会用爱心去感化学生、用热情去召唤学生、用活力去调动学生，用激情去感染学生。很多年轻老师更是走下讲台，走到学生中间，参与到学生的学习活动中。不仅仅做好了知识的传授者，而且做好了学生学习的组织者、引领者。

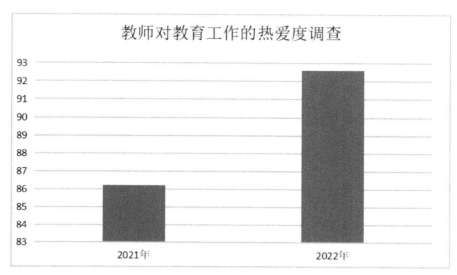

图7-5　教师对教育工作的热爱度调查

　　图7-5数据是自2020年3月份开始实施，初始阶段，教师初测，平均得分为86.2分；2022年4月份，教师课堂教学终测，平均分达到92.6分；由此可见，从问卷结果分析，教师幸福感有效地提升，教师归属感在多个方面得到明显提高，及时改善了教师负面情绪。

　　日常，学校还开展问卷调查，及时了解教师职业荣誉感，工作归属感，以一线教师角度理解专业能力提升，所面对困惑，及时改善从而让教师更有职业幸福感。

3.永葆学习热情

　　要适应时代的要求，适应学生的需求，教师仍需要有一颗爱学习的心。有永葆学习的热情，才能有火热的激情，才能源源不断地接受新东西，才能有教育教学上的不断创新，从而形成自己独特的风格和特色。在课程建设中不断发现自己的特点，形成自己独特的教法受到学生欢迎，那时候也就拥有了自己的风格。教师是一个特殊的职业，大部分人要在这一行业工作十几年，几十年，因而教师要有健康、积极、乐观的心态，要永葆学习的热情，始终和学生同行！

三、学生层面

我国学生发展核心素养，以科学性、时代性和民族性为基本原则，以培养"全面发展的人"为核心。分为文化基础、自主发展、社会参与三个方面。综合表现为人文底蕴、科学精神、学会学习、健康生活、责任担当、实践创新六大素养，具体细化为国家认同等十八个基本要点。根据这一总体框架，学校着重培养学生在审美，劳动，乐学，实践等方面的能力，学生在这些方面也有了突出的表现：

（一）更加喜爱艺术

通过艺术课程培养，学生具有一定艺术知识与技能，能够理解和尊重文化艺术的多样性，并具有发现、感知、欣赏、评价美的意识与能力。

按照国家要求，开足音乐课、美术课、书法课，音乐课实行1+1课程，即一节国家音乐课程和一节音乐素养课程，素养课程是分为一、二年级奥尔夫课程，三、四年级市顺笛课程，五、六年级是戏曲课程课，增强学生的音乐素养。郑州市实验小学联合郑州市妇女儿童活动中心开设了有关艺术类的社团课程：皮影戏、剪纸、打击乐、萨克斯、合唱，还编写了学校特色校本课程"爱艺术"，来培养学生的艺术兴趣。郑州市实验小学成立的机器人社团、编程社团也深受学生和家长的喜爱，这两个社团也在郑州市的比赛中取得了优异的成绩。

为展现学生的多才多艺，我们也展开了追踪调查，并把一年级和六年级的数据拿出来做一个对比，结果如图7-6所示：

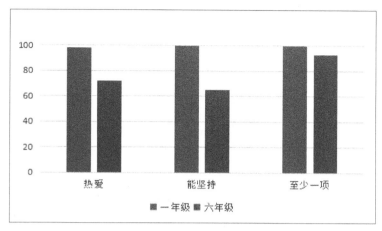

图7-6 学生一、六年级多才多艺数据对比

由上图结果可以看出，一年级对这三项活动的热爱度、坚持度和擅长的才艺分值都比较高。由此可见，一年级的学生非常热爱各项活动，也符合他们的年龄特征，对一切新鲜的事物都保持好奇心。六年级的热爱程度和坚持程度略低，经过调查得知，六年级的学业压力大，课余时间大部分用来进行文化课的学习。但是六年级学生依然能坚持这一门才艺，这也是难能可贵的，让孩子们在学习之余能找到自己的兴趣爱好，并能一直坚持把自己的兴趣爱好坚持下去，这样无论未来孩子走到哪里都会自信成长。

（二）更加乐学善思

乐学善思主要关注学生的自主学习和勇于探究精神，这一维度通过教师对学生的学习态度和学习习惯进行自主学习的观察，通过学生对自己是否具有好奇心和想象力、是否能够大胆尝试进行自我评价。

我们从2019年开始针对学校2023届学生进行了追踪调查，根据调查的数据得到了该届学生在乐学善思方面的统计结果。通过该项统计结果，可以从统计图看出在学校课程的学习下，学生在乐学善思上优秀人数的比例是呈增长趋势的。如图7-7所示：

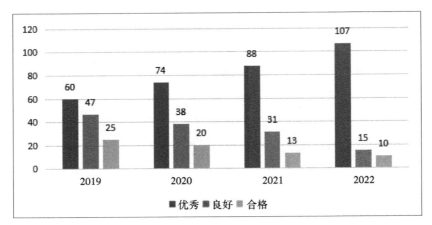

图7-7　学生统计表—乐学善思

学生充分参与学校特色课程与教学过程,不仅更加自主愉快地学习,获得了积极的、全面的学习体验;更是形成了深刻的自我认知,做到乐学善思。

(三)更加热爱健康

除了文化课程以外,学校保证学生课间和课后自由活动时间,上午20分钟的眼保健操、广播体操、足球操练习,下午两节课后全员参与的40分钟阳光大课间进行体育训练。郑州市实验小学开展了有效的体育锻炼,每周的体育课实行3+1课程,即3节体育课程加1节足球课程,普及足球项目。学校开展定向越野社团、足球社团、轮滑社团、抖空竹社团等体育社团,全面提高学生的体育素养。 每学年开展两次运动会,每次运动会中举行"校长杯"班级足球联赛,已使校园体育竞赛机制常态化。在每年《国家学生体质健康标准》测试中,学生均能达标。

通过特色课程和有效体育锻炼,学生具有积极的心理品质。他们自信自爱,坚韧乐观;有较强的自制力,能调节和管理自己的情绪,并具有一定的抗挫折能力。

(四)更加热爱劳动

通过劳动教育,学生尊重劳动,具有积极的劳动态度和良好的劳动习惯。同时,也拥有动手和操作能力,掌握了一定的劳动技能;并且能够主动加入家务劳动、生产劳动、公益劳动中去。

近年来,学校对一至六年级学生进行了一周劳动评价单的记录,得出图7-8结果:

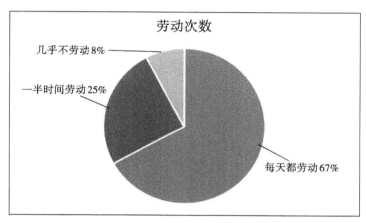

图7-8 学生劳动次数统计

每天都坚持劳动的学生占67%,说明全校大部分同学都能坚持每天进行劳动,值得表扬,还需坚持下去,25%的学生在一周内能坚持劳动一半的时间,8%的同学几乎不劳动。希望这8%的学生能坚持劳动,每天可以从最基本的劳动开始,比如吃完饭帮家人刷刷碗,洗自己的袜子这些力所能及的小劳动开始。

(五)更加富有爱心

富有爱心从学生内隐的精神层面和外显的行动方面出发,关注学生内心世界和外在的行为表现,这是核心素养的基础,也与我区品质教育和学校爱的教育理念一致。

基于此,我们设计了乐于助人方面的问卷调查。问卷内容符合学生的生活、学习遇到的事情,能够从不同方面更加全面地反映出学生是否具有这个维度所需要的素质。调查对全校一至六年级的全体学生展开了系列的前测和后测问卷抽样调查,选取每班20名学生分别进行学期初和学期末两次"乐于助人"状况的问卷测试。

结果如图7-9所示,展现出我们不同年级的学生"乐于助人"状况几年内整体都得到了提升。

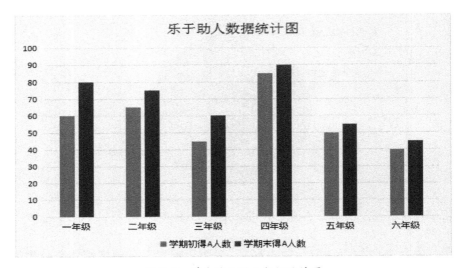

图7-9 学生乐于助人数据统计图

学生自尊自律,文明礼貌,诚信友善。不仅有感恩之心,更热心公益和志愿服务,并具有团队意识和互助精神,能够对自我和他人负责。

(六)更加自爱自信

自爱自信是心理健康的重要指标,从某种层面来说,心理健康比身体健康更加重要。因此我们对全校一至六年级的全体学生展开了系列的前测和后测问卷抽样调查,选取每班20名学生分别进行学期初和学期末两次"自信自爱"状况的问卷测试。结果如图7-10所示,不同年级的学生"自信自爱"状况整体都得到了一定的提升。

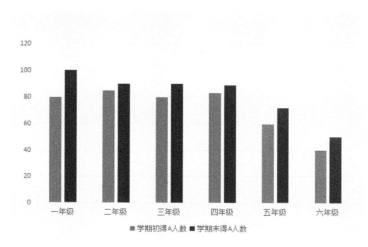

图7-10 学生自信自爱统计图

综上所述,学生通过在校几年的学习生活,核心素养多个层面的能力都有显著提升。

今天的教育要面对人类社会发展的挑战,要面对未来发展对人才的需求和新时代挑战,需要基础教育学校突破已有的固体思维,紧随时代发展。所以,郑州市实验小学紧随课程改革的步伐,贯彻落实核心素养与新课程同行。本着立足素质教育,从实际出发,坚持"以人为本、促学生全面发展"的主旨,制定适应时代发展的乐学、乐思、乐成长的人才培养目标,积极着手课程开发和建设工作。

在六年的探索与实践中,我们对课程开发的定位是提升办学品位、创建教育特色的重要途径。而校本课程作为学校课程开发的重要一环,我们更是以学校多年来实施的活动课、选修课和兴趣小组活动为基础,根据自己的办学理念和实际情况,自主设计和研究、量身定做的以人为本、以校为本的课程。课程开发与建设的目的不仅为了开发教师潜能,发展学生个性,最终是更好地满足学生的实际发展需求。

课程的开发和建设,我们一直在路上。

致　谢

在完成这本《做好爱的教育：基于学生核心素养的"爱LOVE"课程体系建设》之际，我想要表达我最深的感激之情，向那些在我学术旅程中给予我支持、鼓励和帮助的人们致以诚挚的谢意。

首先，我要由衷地感谢华南师范大学的左璜教授。她的专业知识、耐心指导和无私奉献为本书的内容质量提升贡献了重要力量。在学校核心素养课程建设的探索实践上及在本书撰写和出版过程中，左璜教授的指导和鼓励都是我前进的动力。

还要衷心感谢中原区教育局教研室，为本书的出版提供了全方位的支持和保障，本人才得以有机会将学校课程改革实践成果呈现给广大读者。

此外，我要特别感谢在本书撰写及出版过程中提供巨大帮助和无私奉献的老师：于洋、王楚含、孙雪彦、盛南南、李思源、郭梦佳、朱雪艳、王晓润、谷静娴、吴轶萌、杨婕好、付亚茹、王思源、王欣、党晴、王菊、冀贞羽、赵静娴、李果、耿彩霞、李延飞、李湘豫、崔丽超、张艳平、李炎钠、孟令媛、聂菡铎。他们的洞察和建议对本书的框架和内容产生了深远的影响。

最后，还要感谢编辑和出版团队，他们的严谨和专注，使得本书的语言和结构更加清晰和准确。并且在筹备出版各个环节的精心策划和高效执行，为本书的顺利出版提供了坚实的保障。

我期望本书不仅能够达到读者的期望，还能为学校核心素养课程改革建设领域的探索和研究提供实质性的帮助和有价值的借鉴。